Ingeborg Drissler-Klein

# Der »Krieg« zwischen Mann und Frau

Vom kleinen und vom großen Unterschied

D1873986

BASTEI LÜBBE

BASTEI-LÜBBE TASCHENBUCH
Band 60407

Originalausgabe

Printed in Germany, August 1995
Einbandgestaltung: Roland Winkler
Titelfoto: Image Bank, Nieke Maas
Satz: Bosbach & Siebel Print Media Concept, Lindlar
Druck und Bindung: Ebner Ulm
ISBN 3-404-60407-5

# Inhalt

# Einleitung

Können Männer und Frauen heute noch miteinander umgehen? Diese Frage stellt sich, wenn man statistische Zahlen über das Zusammenleben der Partner liest: Im Großstadtbereich wird jede zweite, im ländlichen Bereich jede dritte Ehe geschieden, es gibt zunehmend Singles und alleinerziehende Väter und Mütter. Diese Tatsachen signalisieren, daß unsere Gesellschaft an der Basis brüchig ist, denn die Basis einer jeden Gesellschaft ist das Zusammenleben von Mann und Frau, wofür die Ehe und Familie stehen.

Worin bestehen nun die Schwierigkeiten im Umgang miteinander? Wir leben heute im Zeitalter der Emanzipation der Frau. Das bringt mit sich, daß mit einer jahrhundertealten Tradition unseres Kulturkreises gebrochen wird. Die soziale Tradition, die das Zusammenleben von Mann und Frau regelte, ist nicht mehr gültig. Die Leitbilder der älteren Generation, die auf die Jugend übertragen wurden, haben ihre Wertigkeit und damit ihre ordnende und bindende Funktion verloren. Daraus resultierte eine Verwirrung und Ratlosigkeit bei der neuen Generation im Umgang miteinander, weil die Orientierung an bewährten Mustern des Zusammenlebens fehlt.

Die neue Zeit ist gekennzeichnet durch den »Krieg« zwischen Mann und Frau. Die Frauen kämpfen um ihre Anerkennung und Gleichberechtigung, die Männer gegen ihren Prestigeverlust. Das Wort Selbstverwirklichung hat eine überhöhte Bedeutung und führt zu Egoismen, bei denen das Wir gegenüber dem Ich an Bedeutung verliert. Die Ehe ist zu einer Stätte des Kampfes geworden, der von beiden Partnern nicht gewollt ist. Frustrationen und Widerstände führen oft zu einer Verhärtung der gegenseitigen Positionen. Das Resultat ist: Einer geht, und die Ehe zerbricht. Beide sind sich dabei keiner Schuld bewußt, denn keiner von beiden erkennt, daß er den anderen verletzt hat.

Harmonie in der Ehe – ist sie unter den heutigen Bedingungen nicht mehr möglich? Doch wer hält es aus, ständig im Kampf zu leben? Und die Alternative, allein zu leben, ist keine zufriedenstellende Lösung, denn der Mensch hat Bindungsbedürfnisse; er ist für die Isolation nicht geschaffen. Diese fundamentalen Bedürfnisse sind angeboren, biologisch vererbt und basieren auf dem männlichen bzw. weiblichen Gencode.

Es erhebt sich nun die Frage, welche Erwartungen Männer und Frauen voneinander haben? Oft wissen sie es selbst nicht. Diese Frage muß aber untersucht werden, will man den Krieg zwischen den Geschlechtern beenden. Hilfreich hierbei ist die Rückbesinnung auf geschlechtsspezifische angeborene Verhaltens- und Reaktionsweisen, die in der Entwicklungsgeschichte der Menschen über Millionen von Jahren vorkommen, und die auf spezifisch männlichen oder weiblichen Gehirnstrukturen basieren. Berücksichtigt man diese Reaktionsweisen und baut sie ein in das demokratische Denken der Jetztzeit, in dem die Gleichberechtigung der Frauen selbstverständlich zu sein scheint, könnte eine neue Basis für das Zusammenleben von Mann und Frau gefunden werden.

Der Mensch ist prinzipiell ein biologisches Wesen wie alle Geschöpfe der Natur. Folglich ist er auch ausgestattet mit elementaren Verhaltensweisen, die das

Zusammenleben und Fortbestehen der Art, in diesem Fall der Gattung Mensch, regeln, sonst wären wir schon ausgestorben. Zugrunde liegt eine genetisch-hormonelle geschlechtsspezifische Steuerung. Der Mensch erhebt sich aber auch über die Natur dank seines Geistes. Er kann Wertvorstellungen entwickeln und Handlungsziele bestimmen, nach denen er durch Willensimpulse strebt. Somit hat er die Möglichkeit, sich von seinen natürlichen, biologisch vorgegebenen Verhaltensweisen zu entfernen. Er stößt jedoch auf Grenzen, die sein Gefühl ihm setzt, sobald er diese überschreitet. Irgend etwas in seinem Innern signalisiert ihm, daß er nicht seinem Selbst gemäß handelt. Er fühlt sich nicht wohl. Die Natur meldet sich, wenn er sich gegen sie gestellt hat. Eine gewisse Zeit lang kann man Menschen durch extreme Wertvorstellungen beeinflussen und zu Handlungen und Verhaltensweisen veranlassen, die ihnen nicht gemäß sind. Das Pendel wird jedoch zurückschlagen. Der Mensch will und muß in Harmonie mit sich selbst leben. Dazu gehört, daß die natürlichen, biologisch vorgegebenen Verhaltens- und Reaktionsweisen berücksichtigt und in geltende Wertvorstellungen eingebaut werden. Dies betrifft die Emanzipation der Frau im Zeitalter der Gleichberechtigung ganz besonders. Man sollte die Gesetze des Lebens kennen und berücksichtigen und in unser Denken integrieren. Wenn die biologischen Gegebenheiten zu sehr vernachlässigt werden, verhärten sich die Fronten und der »Krieg« zwischen den Geschlechtern wird fast unvermeidlich.

In diesem Buch wird bewußt pauschalisiert und von dem typischen männlichen oder weiblichen Verhalten gesprochen. Selbstverständlich gibt es eine Vielzahl von Frauen, die mehr mit männlichen Eigenschaften ausgestattet sind, und eine Reihe von Männern, die typisch weibliche Eigenschaften haben. Diese Überschneidungen sind dadurch möglich, daß alle menschlichen Wesen weibliche und männliche Hormone in sich tragen. Das Mischverhältnis ist entscheidend.

Die Hormone können auch in bestimmten Teilbereichen des Denkens, Fühlens und Handelns gegengeschlechtliche Ausprägung bewirken. Das mag mit der Anlage verschiedener Gehirnstrukturen zusammenhängen, wie die moderne Wissenschaft vermutet. Das Gehirn ist als großes Steuerungsorgan des Körpers nun einmal geschlechtsspezifisch differenziert, wie wir das bei allen anderen Körperorganen auch finden. Die Gehirnforschung steht hier allerdings noch ganz am Anfang. Um klare Strukturen herauszuarbeiten, muß hier der Prototyp von Mann und Frau dargestellt werden, der für das Denken und Verhalten der großen Mehrzahl von Männern und Frauen repräsentativ ist.

In diesem Buch soll der Versuch unternommen werden, zur Harmonie der Geschlechter beizutragen, indem jeder seine angeborenen Bedürfnisse und Handlungsstrategien durchschaut und damit die Möglichkeit hat, diese auf den anderen einzustimmen. Unbewußte Verletzungen und Frustrationen, die zur Entfremdung und Entzweiung führen, können damit vermieden werden. Das Zusammenleben bekommt eine andere Wertigkeit.

# I.
# Biologische Grundlagen des männlichen und weiblichen Verhaltens

## Der Mensch als Teil der Natur

Es ist unbestritten, daß der Mensch ein biologisches Wesen ist. Seit Darwin kennen wir unsere Entwicklungsgeschichte sehr genau und können verfolgen, wie wir uns im Laufe der Evolution aus der Tierreihe bis zu unserer heutigen Gestalt geformt haben. Die biologischen Vorgänge sind bei allen Menschen derart homogen, daß wir in der Medizin für viele Stoffwechselbereiche Normwerte finden konnten, die allerdings typisch für Männer und Frauen verschieden sind. Hierzu gehören auch die Drüsen, die unsere Hormone produzieren. Jedes Hormon in unserem Körper hat bestimmte Aufgaben zu erfüllen. Die Sexualhormone, beispielsweise, garantieren die Fortpflanzung. Ihre Aufgaben beziehen sich nicht nur auf rein körperliche Funktionen, sondern auch auf bestimmte soziale Verhaltensweisen, die die Fortpflanzung gewährleisten. In gleichen Situationen reagieren Männchen und Weibchen einer bestimmten Spezies (Tierart oder Mensch) immer in gleicher Art und Weise.

Auch beim Menschen hat man zahlreiche Verhaltensmuster entdeckt, die transkulturell seit Urzeiten vorhanden sind. Forscher haben innerhalb der vergleichenden Verhaltensforschung äußerst interessante Beobachtungen gemacht, auf die in der Folge noch eingegangen wird. Zu erwähnen sind besonders Konrad Lorenz, Irenäus Eibl-Eibesfeld, Desmond Morris, Vitus B. Dröscher und andere. Die biologische Psychologie rückt zunehmend in den Mittelpunkt des Interesses, besonders im englischen Sprachraum. Es ist offenbar doch so, daß wir in weiten Bereichen längst nicht so frei sind, wie es uns wünschenswert wäre. Lange Zeit hat man nur den Tieren Triebe zugesprochen, inzwischen hat man erkannt, daß auch wir Menschen eine Fülle angeborener Reaktionsweisen haben. Desmond Morris schildert in seinem Buch *Der Mensch, mit dem wir leben* eine Fülle solcher ursprünglich fixierter Verhaltensweisen.

Es ist verständlich, daß der Überlebensstrategie der Natur eine andere Basis als die des freien menschlichen Willens zugrundeliegt. Die genetische Fixierung garantiert den Fortbestand der Art. Genetisch determiniert sind besonders das Sexualleben, die Brutpflege und bestimmte soziale Verhaltensweisen, die zum Überleben notwendig sind. Wären wir auf unseren freien Willen angewiesen, wären wir durch viele unsinnige Experimente wahrscheinlich schon längst ausgestorben.

Um zu verstehen, welchen Ursprung viele transkulturelle menschliche Reaktionsweisen haben, ist es, wie bereits eingangs erwähnt, äußerst interessant, sich im Tierreich umzuschauen und Parallelen zu entdecken. Auch wenn immer wieder behauptet wird, es sei unzulässig, tierisches Verhalten auf Menschen zu übertragen, so kann man doch nicht einfach negieren, daß bestimmte, bei uns gebräuchliche Verhaltensweisen, im Tierreich vorkommen. Verhält sich ein Muttertier so grundsätzlich anders als eine Menschenmutter? Ernährt, beschützt und erzieht sie nicht ihre Jungen genauso wie wir? Kämpfen nicht Tiere um ihr Territorium, ihren Lebensraum und verteidigen diesen vehement gegen Eindringlinge? So wie wir Menschen um Landbesitz schon immer Kriege führten und diesen Landbesitz auch in Form von Verteidigungsgemeinschaften verteidigten.

Solche Parallelen beweisen, daß die zugrundeliegenden Verhaltensweisen entwicklungsgeschichtlich nicht neu sind, das heißt kein Produkt unseres Geistes, unserer Kultur sind. Sie sind biologisch, im großen Lebensplan der Natur angelegt und werden genetisch weitergegeben.

Verhalten wird durch Hormone, sicher jedoch auch durch bestimmte Gehirnstrukturen und eine differenzierte Neurophysiologie (Nervenstoffwechsel) verursacht. Das ist rein biologisch. In jüngster Zeit beschäftigen sich Forscher mit den Unterschieden von männlichen und weiblichen Gehirnen, worauf später eingegangen wird.

Die Erkenntnis, wie stark unser Verhalten als Resultat aus Denken, Fühlen und Wahrnehmen von der Biologie unseres Körpers abhängig ist, sollte uns zu denken geben. Lange Zeit, bis heute, wurde behauptet, daß alle geschlechtsspezifischen männlichen und weiblichen Unterschiede anerzogen und damit willkürlich modifizierbar seien. Diese Meinung wird auf Dauer nicht haltbar sein. Man kann in der Erziehung gewisse angeborene Eigenschaften stärken oder schwächen, auch vorübergehend ignorieren, aber nicht auf Dauer völlig umgestalten. Die genetische Anlage wird sich durchsetzen. Änderungen im genetischen Code sind möglich, aber in sehr langen Zeiträumen, die der Entwicklungsgeschichte der Natur (Evolution) entsprechen, folglich in Zeiträumen von Millionen von Jahren erfolgen. Sie sind nicht mit unseren jungen historischen Zeitmaßen zu erfassen.

## Das Prinzip Männlich-Weiblich

Bei niederen Lebewesen wie Bakterien und anderen Einzellern ist die Vermehrung eine Vervielfältigung durch Teilung. Das neue Lebewesen ist ein genaues Abbild des alten. Durch die Differenzierung in Männlich und Weiblich war die Grundlage für eine Mischung von genetischem Erbe gelegt, so daß es zur Artenvielfalt kommen konnte. Es gibt auf der Erde mehr als eine Million Tierarten, von denen kaum sechs Prozent Wirbeltiere sind. Alle höheren Tiere pflanzen sich geschlechtlich fort. Bei der Artenvielfalt ist es verständlich, daß die Varianten der Fortpflanzung, je nach Anpassung an Umweltbedingungen, zahlreich sind.

Um zu einer geschlechtlichen Paarung zu kommen, muß ein bestimmtes Verhalten eingesetzt werden, das die gegengeschlechtliche Annäherung ermöglicht. Das Verhalten, das zum Fortpflanzungserfolg führt, gehört mit zur Sexualität und ist somit genetisch fixiert. Männchen und Weibchen unterscheiden sich dabei erheblich, wofür biologische Fakten verantwortlich sind.

Die Keimzellen von männlichen und weiblichen Lebewesen weisen einen erheblichen Größenunterschied auf: Viele Wirbeltierspermien haben nur ein Millionstel der Eigröße. Die Eizelle, und damit das Weibchen, liefert alleine die Energiemitgift für das neue Lebewesen. Die Samenzellen können folglich in sehr viel größerer Zahl hergestellt werden als die Eizellen. Beim Menschen stehen etwa dreihundert schon bei der Geburt im Eierstock angelegten Eizellen etwa fünfzig bis hundert Millionen pro Tag erzeugte Spermien des geschlechtsreifen Mannes gegenüber. Das männliche Lebewesen kann seinen Fortpflanzungserfolg dadurch erhöhen, daß es seinen Samen streut und möglichst mehrere Weibchen begattet. Da alle Männchen danach streben, müssen sie miteinander konkurrieren. Die Stärksten werden gewinnen und die besten Fortpflanzungschancen haben. So setzen sie sich in der Evolution durch. Körperkraft und gesteigerte

Aggressivität finden sich besonders bei männlichen Lebewesen. Das Weibchen dagegen erhöht seinen Fortpflanzungserfolg nicht, wenn es von mehr als einem Männchen besamt wird. Mit einer Fehlpaarung setzt es allerdings seine Jahresproduktion an Nachkommen aufs Spiel. Es muß folglich seinen Paarungspartner sorgfältig auswählen.

Diese gegenseitige Wahl des Fortpflanzungspartners erzwingt immer differenziertere Verhaltensmuster, insbesondere bei den konkurrierenden Männchen. Kämpfe unter den Lebewesen gibt es natürlich auch ums Überleben. Dazu gehören ein Revier, ein Nistplatz oder ein Versteck, der Streit um Nahrung. Es gibt Rangkämpfe untereinander, denn das Prinzip Eigennutz dominiert. Der Stärkste setzt sich durch und nutzt dies zu seinem Vorteil aus. Größe, Kraft, Ausdauer und verschiedene Tricks führen zum Erfolg. Das Demonstrieren von Alter und Stärke, zum Beispiel durch ein großes Geweih, eine auffällige Mähne oder einen grauen Rücken beim Gorillamännchen, sind Hilfsmittel zum Rivalisieren. Sie erinnern an Statussymbole bei uns Menschen (großes Auto, Haus, teure Kleidung), an Prahlereien bei Jungen und das Darstellen von Wissen und Können bei Männern.

Da die stärksten Männchen am ehesten zum Paarungserfolg kommen, haben sie einen erheblichen Selektionsvorteil. Für die Weibchen ist das sehr von Nutzen, denn sie bieten ihnen die besseren Reviere mit üppigen Futterstellen und guten Verstecken. Für manche Weibchen ist es sogar erstrebenswerter, zweites oder drittes Weibchen bei einem solchen »Supermann« zu werden, als alleiniges Weibchen bei einem schwachen Männchen mit schlechtem Revier zu sein. Da ältere Männchen erfahrener und stärker sind, haben sie die besseren Chancen bei Weibchen. Andererseits bietet ein junges

Weibchen einem Männchen, das sich längere Zeit binden will, die Möglichkeit zu mehr Nachkommenschaft, so daß sich durchaus ältere Männchen junge Weibchen suchen. Es ist nicht schwer zu erkennen, daß dies alles oft auch auf den Menschen zutrifft.

Die Notwendigkeit der Pflege der Nachkommenschaft führt zu einer Partnerschaft von Männchen und Weibchen. Es gibt allerdings auch Alleinerziehende, zum Beispiel die Mutterfamilien der Stockenten, der Bienen oder der Hirsche und anderer Horntiere. Männerfamilien gibt es selten, am ehesten noch bei den Fischen wie beim Stichling. Viele soziale Tiere bleiben über eine Brutzeit hinaus zusammen. Wenn ein Männchen einmal ein Weibchen erobert hat, bewacht er es vor Nebenbuhlern und gibt es so schnell nicht wieder her. So werden achtzig Prozent aller Singvögel monogam genannt. Das bedeutet aber nicht, daß das Männchen nicht immer einmal wieder um ein fremdes Weibchen wirbt. Nach einer gewissen Zeit wechseln häufig die Paarungspartner. Andererseits gibt es auch eine lebenslange Monogamie, zum Beispiel bei Gänsen. Diese Hochform der Monogamie gilt grundsätzlich auch für den Menschen.

Männliches und weibliches Verhalten resultiert ursprünglich aus biologischen Gegebenheiten. Da beim Menschen der Geist entwickelt ist und er denken kann, hat er gewisse kulturelle Normen gesetzt, die sich mehr oder weniger an biologische Grundprinzipien anlehnen. Diese erkennen wir aus den Verhaltensweisen der Tiere.

Fortpflanzung und Paarbindung unterlagen in allen Kulturen gewissen Regeln. Eine wilde Promiskuität (häufiger Wechsel von Geschlechtspartnern) gab es beim Menschen nie. Auch bei der Polygamie, bei der ein Mann viele Frauen hat, gibt es Regeln und Ordnung. Schon bei Tieren ist die Ablehnung von Weibchen bekannt, die schon mit anderen Männchen gebalzt haben. Das enspricht beim Menschen der Wertschätzung der Jungfräulichkeit.

In allen menschlichen Kulturen tragen Mütter die Hauptlast der Schwangerschaft, Säuglings- und Kinderpflege. Das muß sich in den Industrienationen negativ auf die Berufsaussichten der Frauen auswirken. Die Frauen erziehen die Kinder und haben eine tragende Rolle für das Bewahren von Tradition. Die Männer sind biologisch zum Rivalisieren prädisponiert und verbrauchen dafür viel Kraft und Zeit.

Große und starke Männchen werden von den Weibchen als Schutzgarantie bevorzugt, was den Nachteil hat, daß sich diese Männchen auch gegenüber den Weibchen durchsetzen, sobald es zu rivalisierenden Ansprüchen kommt. Auch in der Hierarchie der Familie und Gesellschaft steht daher der Mann in der Regel im Rang über der Frau. Häufig werden außerdem ältere Männer von Frauen gewählt, was ihnen nochmals einen Autoritätsvorsprung gibt.

Wir sehen, wie das biologische Prinzip die soziale Struktur der Gesellschaft geprägt hat und wie sie mit unserer heutigen demokratischen Weltauffassung kollidiert. Zum eigenen Verständnis ist es äußerst wichtig, diese biologischen Wurzeln genau zu kennen. Mann und Frau können sich hierdurch in ihren Wesenheiten besser erkennen und respektieren und sich daran orientieren. Sie erkennen ihr eigenes ihnen innewohnendes Gesetz. Folglich sollten wir uns noch etwas weiter im Tierreich umschauen.

## Die Sexualität im Tierreich. Biologische Partnerschaft

Beim Menschen kennen wir im Volksmund den Ausspuch: »Die Männer wollen ja nur das eine.« Damit ist Sexualität gemeint. Sie bemühen sich und drängen, möglichst schnell zum Ziel ihrer Wünsche zu kommen. Die Frauen sind in der Regel zurückhaltender, abwartender. Das ist ein typisch männliches bzw. weibliches Verhalten, das auch im Tierreich weitgehend zu beobachten ist.

In der Regel sind die Männchen länger paarungsbereit als die Weibchen, die häufig angeregt werden müssen. Die Männchen müssen sich um das Weibchen bemühen, es zum Beispiel mit Rufen locken. Wir kennen das Röhren der Hirsche, das Fiepen der Rehe, den Gesang der Vögel. Diese stimulieren auch mit Balztänzen die Weibchen. Eine Woche braucht eine Taube, bis sich die Geschlechtsorgane zur Kopulationsbereitschaft entwickelt haben. Um das Weibchen gefügig zu machen, werden auch noch andere Mittel angewandt, zum Beispiel das Demonstrieren von Kraft, die für die Aufzucht der Jungen wichtig ist, die Jagd des Weibchens, das eine Fluchttendenz hat, Geschenke oder das Offerieren von Nestmaterial, das Aussenden von Gerüchen wie die Sexualduftstoffe und so weiter. Es sind überwiegend immer die Männchen, die werben! Diese Verhaltensweisen lassen sich auch auf den Menschen übertragen.

Sind nun die Weibchen paarungsbereit, ist noch längst nicht gesagt, daß es wirklich zur Paarung kommt, denn bei vielen Tierarten ist noch eine »Feinstsynchronisation« nötig. Diese muß die Paarungsbereitschaft für den speziellen Partner herstellen, der sich um das Weibchen bemüht. Es ist längst nicht so, daß ein hormonell paarungsbereites Weibchen sich mit jedem Männchen einläßt, das gerade zur Verfügung steht. Auch bei Tieren spielt die Sympathie eine Rolle. Es kann sein, daß ein Weibchen ein Männchen ablehnt, auch wenn es sich noch so bemüht, und ein anderes, vielleicht sogar weniger imposantes, vorzieht. Wir belegen das mit dem Begriff Sympathie, den wir letztlich noch nicht erklären und verstehen können.

Ein Männchen wirbt auch um ein Weibchen, indem es zum Beispiel kleinkindhaftes Verhalten annimmt. So fiept zum Beispiel ein männliches Eichhörnchen wie ein Junges, um damit das Herz des Weibchens zu erweichen. Dieses kleinkindhafte Verhalten spielt bei vielen Tieren im Werbungsritual eine große Rolle. Auch das Weibchen lockt das Männchen durch derartiges Verhalten. So wirft sich zum Beispiel die äußerst wilde und aggressive Tigerin beim Anblick des Männchens auf den Boden, strampelt mit den Pranken und maunzt herzerweichend. Spielen ähnliche Verhaltensweisen bei den Menschen nicht auch eine Rolle? Wir sehen dies später. Durch das kindliche Verhalten wird Sympathie hergestellt, denn die Sympathie zum Kind ist jedem Lebewesen angeboren.

Eine interessante Beobachtung gibt es auch zur Frage der Promiskuität, das heißt der häufig wechselnden Geschlechtspartner: Wenn man einem Mäuseweibchen viermal täglich einen Tropfen männlichen Harns auf die Nase tropft, ist es nach ein bis zwei Tagen paarungsbereit. Kommt der Harn jedoch von verschiedenen Männchen, stellt sich keine Paarungsbereitschaft ein. Auch hier ist dem Weibchen offenbar noch eine Feindifferenzierung möglich, denn es spricht nur auf die Intensitätssteigerung dieses einen Reizes eines bestimmten Männchens an. Die Verbindung für längere Zeit mit einem

Männchen ist für die Aufzucht der Jungen nötig. Bei Promiskuität verliert das Weibchen die Fähigkeit, Nachwuchs zu zeugen. Dies ist wohl eine Schutzvorrichtung der Natur.

Möglicherweise gibt es hierbei auch Parallelen zum Menschen. Wir beobachten häufig eine Sterilität bei Prostituierten. Es gibt auch eine juvenile Sterilität bei häufig wechselnden Sexualpartnern der Jugendlichen, wie zum Beispiel auf der Südseeinsel Mangaia beobachtet wurde.

Auch Zufügen von Schmerz ist eine Art der Liebeswerbung, zum Beispiel der Nackenbiß bei Löwe und Tiger. Auch bei Eidechsen fließt mitunter Blut. Im Tierreich findet man diese Art der Brautwerbung nicht selten. Der Aggressionstrieb ist bei den meisten Tierarten im Liebesspiel vermischt mit Gefühlen und Gebärden der Zuneigung. Auch beim Menschen kennen wir Beißen, Kneifen und Kratzen als neckische Vorspiele der Liebe.

Und wir kennen die Intensivierung der sexuellen Gefühle durch Streicheln bestimmter Körperpartien, der erogenen Zonen. Ein Mann kann hierdurch eine Frau zur Hingabe anregen, auch er selbst spricht darauf an, ist aber nicht in dem Maße von diesen Berührungen abhängig wie eine Frau. Bei vielen Tieren, selbst bei Käfern, spielen diese »Berührungsparolen« eine Rolle. Bei Affen kennen wir zum Beispiel das Lausen als soziales Kraulen. Findet dies aber an bestimmten Körperpartien statt, erfolgt bald eine Paarung. Das legt den Schluß nahe, daß auch Affen erogene Zonen haben. Wir Menschen sind also weit weniger abgehoben von der Natur, als wir uns das vorstellen; wir sind in sie eingebunden.

Schon bei der Tierpaarung ist es erstaunlich, welche Hindernisse überwunden werden müssen, damit es zur

Paarung kommt. Dadurch sind die Werberituale entstanden, die den probaten Weg zum Erfolg zeigen. Beim Menschen ist das nicht anders. Bis eine normal empfindende Frau zur Kohabitation (Beischlaf) mit einem Mann bereit ist, braucht sie Zeit, die der Mann mit Werbung ausfüllen muß.

Die menschlichen Werberituale sind in unserer Tradition verankert. Der Mann als Kavalier, der verwöhnt und beschützt, war die Norm im Werbeverhalten. Viele möchten diese Norm gern über Bord werfen. Warum soll ein Mann eine Frau hofieren, wenn sie doch gleichberechtigt sind? Es könnte ja auch umgekehrt sein, eine Frau lädt einen Mann zum Essen ein und macht ihm Geschenke. Nur geht diese Rechnung gefühlsmäßig oft nicht auf, die Vorleistung muß vom Mann kommen, und sie ist diejenige, die auf sein Werben reagiert. Verleugnen beide das natürliche Gesetz in ihnen, entsteht ein befremdliches Gefühl, das den Lustgewinn schmälert.

Männern sagt man nach, daß ihnen Status, Besitz und Einkommen weit wichtiger sind als den Frauen. Sie erreichen dadurch männliches Selbstbewußtsein und Sicherheit, was ihr Potenzgefühl erhöht. Interessant ist, daß hierzu Parallelen im Tierreich zu finden sind. Beispielsweise haben bei Gnus, Gazellen und Antilopen nur Revierbesitzer eine Chance, ein Weibchen zu erlangen. Jedes Männchen kämpft daher um den Besitz eines solchen Reviers. Wenn zum Beispiel ein alter Gnubulle ein Revier besitzt, weichen ihm selbst fünfzig bis fünfhundert junge Gnubullen aus und lassen sich von ihm verjagen. Welche Macht hat der Alte mit seinem Besitz, seinem Lebensraum! Hier hat der Besitztrieb seine Wurzeln. Besitz ist Macht. Die sexuellen Triebe dieser Tiere erwachen sofort bei Besitz. Sie fühlen sich stark. Welch weitreichende gefühlsmäßige Folgen hat Besitz!

Wieviele Kriege wurden schon wegen Territorialanspüchen geführt!

Auch Vogelmännchen müssen häufig ein fertig gebautes Nest vorweisen, ehe ein Weibchen sie erhört. Das entspricht einem Haus beim Menschen. Ein Lebensraum muß nun einmal vorhanden sein, wenn Junge aufgezogen werden sollen. Auch der Mann muß seine Familie ernähren können, wenn die Frau mit Schwangerschaft, Geburt und Kleinkindbetreuung ausgefüllt ist. Eine Frau spricht daher instinktiv auch auf Status und Besitz an. Das ist ein sinnvolles Naturgesetz.

Bei den Tieren sind die verschiedensten Formen biologischer Partnerschaft bekannt. Die Form des ehelichen Zusammenlebens nach der Paarung wird durch die Stärke der aggressiven Elemente bestimmt. Sind die Weibchen einer Tierart friedfertig, die Männchen untereinander aber sehr aggressiv, können Haremsverbände entstehen. Verhalten sich auch die Weibchen aggressiv und verjagen andere Weibchen, ist dies die Grundlage der Einehe, die allerdings voraussetzt, daß auch die gegenseitige Aggressivität durch Beschwichtigungsverhalten besänftigt wird. Sind beide ganz friedfertig, entsteht ein Herdenverhalten. Im Tierreich ist die lebenslange Einehe durchaus bekannt.

Die Monogamie des Menschen ist eine hohe kulturelle und geistige Leistung. Biologisch ist der Mensch im Vergleich zu den Tieren hypersexuell. Er ist nicht nur zu bestimmten Jahreszeiten paarungsbereit, sondern – je nach seiner Potenz – immer. Es ist daher nicht verwunderlich, daß die Monogamie nicht die einzige Form partnerschaftlichen Zusammenlebens ist. Untersuchungen zeigten, daß der größte Teil der verschiedensten Kulturen polygam war. Bei diesen polygamen Kulturen handelte es sich fast ausschließlich um Polygynie, das heißt, das Zusammenleben eines Mannes mit vielen Frauen. Nur in zwei Fällen wurde Polyandrie (eine Frau lebt mit mehrerern Männern) gefunden, und zwar bei isolierten Bergstämmen im Himalaja in Ladakh als seltene Ausnahme einer ökologischen Maßnahme zur Verhinderung zu großer Vermehrung. Dort hat das Volk in den engen Himalaja-Gebirgstälern keine Möglichkeit, sich auszubreiten. Eine Frau wird mit einem Mann und dessen Brüdern verheiratet. Sie sucht sich folglich nicht mehrere Männer aus. Das natürliche Gesetz scheint zu sein, daß die Frau nur einen auserwählten Mann gebrauchen kann. Das ist ihr biologisches Erbe und entspricht am besten den Fortpflanzungsgesetzen. In hochentwickelten Kulturen findet sich jedoch überwiegend die Monogamie. Dieses Prinzip hat sich wohl am besten bewährt und daher durchgesetzt.

## Muttertrieb und Vatertrieb

In der heutigen Zeit ist eine Diskussion darüber entstanden, ob es wohl einen angeborenen Muttertrieb gibt oder ob Mütter und Väter nicht die gleichen Voraussetzungen mitbringen und austauschbar sind bei der Versorgung von Säuglingen und Kleinkindern. Werfen wir bei der Beantwortung dieser Frage einmal einen Blick ins Tierreich.

Eine wirklich konstante Bindung im gesamten Primatensystem ist die Mutter-Kind-Einheit. Die Funktion des Männchens ist der Schutz dieser Einheit. Die Mutter-Kind-Beziehung sollte daher noch ausführlicher betratet werden. Um die Stunde der Geburt verändert sich das Verhalten eines Muttertieres völlig: Von einem egoistischen, auf Selbsterhaltung ausgerichteten Tier wandelt es sich umgehend zu einem selbstlosen, aufopfernden, nur auf die

Erhaltung des Jungen, und damit der Art, ausgerichteten Wesen. Es verzichtet fortan auf elementare Dinge wie Beute, stellt sich mutig Feinden in den Weg und ist bereit, eher selbst zu sterben als ihr Junges zu opfern. Unter den Tieren ist dieses Verhalten weit verbreitet.

Gesteuert wird dieser Muttertrieb durch Hormone wie Progesteron, Prolaktin und Oxytocin. Selbstloses altruistisches Verhalten, wie wir es beim Muttertrieb oder beim Brutpflegeverhalten der Tiere sehen, ist angeboren, genetisch abgesichert, zum Schutz für das junge, sich entwickelnde Leben und die Erhaltung der Art.

Es ist folgerichtig, daß wir Menschen von solch einem wichtigen Naturgesetz, dem der Absicherung der Nachkommenschaft durch hormongesteuerte angeborene Reaktionsweisen, nicht ausgeschlossen sind. Nur hierdurch kann die Art erhalten, abgesichert werden und der Evolutionsprozeß fortschreiten. Leben ist zum Überleben angelegt, auch beim Menschen. Das Gesetz der Natur ist Aufgabenteilung in der Polarität männlich-weiblich. Die Aufzucht eines Jungen, auch eines Kindes, erfordert große Opfer der Muttertiere, beziehungsweise der Eltern. Zurückstellen eigener Interessen zugunsten der Jungen ist nötig. Hierzu gehören die elementarsten Interessen der Mutterlebewesen wie Nahrungsbedürfnis oder Feindabwehr. Auch eine Menschenmutter verhungert eher selbst, als daß sie ihren Nachwuchs an Hunger sterben ließe. Auch sie stellt sich mutig einem Feind in den Weg und riskiert das eigene Leben zum Schutz des Kindes. Beim Menschen sind diese Verhaltensweisen zusätzlich ethisch untermauert. Eine Mutter wirft sich auch über ein fremdes Kind und schützt es, wenn zum Beispiel im Krieg eine Granate einschlägt. Dieses ethische Verhalten ist jedoch viel jüngeren Datums und aus dem biologischen entwickelt worden.

Von der Geburt eines Kindes an müssen beide Eltern ihre eigenen Interessen zurückstellen und sich auf die Bedürfnisse des jungen neuen Lebens einstellen. Das fällt ihnen dank der sich in ihnen regenden Naturgesetze nicht schwer, wenn auch biologisch die Mütter zu größeren Verzichtsleistungen in der Lage sind. Es gibt genügend Beispiele, wie sich eine junge Frau oder ein junger Mann nach der Geburt eines Kindes verändern. Nehmen wir eine ungewollte Schwangerschaft bei einem jungen Paar an, das noch keine Familie gründen wollte und noch lebenshungrig war. Reisen, schöne Kleider, in Konzerte und Diskotheken gehen, sich mit Freunden treffen, Hobbys haben, auch beruflich noch Interessantes machen, stand auf der obersten Wertskala. Die junge Frau ist unglücklich über die ungewollte Schwangerschaft, da sie fürchtet, ihr persönliches Leben sei nun zu Ende. Aus moralischen Gründen entschließt sie sich jedoch, das Kind auszutragen. Nach der Geburt ändert sich das Verhalten der jungen Mutter völlig: Sie schwärmt von ihrem Baby, empfindet höchstes Glücksgefühl mit ihrem Kind und vermißt nichts anderes mehr. Sie hat kaum noch Lust, in eine Diskothek zu gehen. Dieses Verhalten wird bei gesunden Frauen durchweg beobachtet. Muttergefühle sind Glücksgefühle, die durch keine ethischen Normen, sondern durch Hormone und angeborene Reaktionsweisen ausgelöst werden. Frauen, die noch keine Mütter sind, tragen nur eine Ahnung dieses Glücksgefühls in sich, was den Kinderwunsch provoziert. Das Glücksgefühl ist sogar so groß, daß die starken Geburtsschmerzen in der Regel vergessen werden und Frauen sich ein zweites und drittes Kind wünschen.

Auch der Verzicht auf Berufstätigkeit fällt den meisten Müttern leicht. Sie spüren einen Drang in sich, ihr

Kind selbst zu versorgen, und entwickeln leicht Schuldgefühle, wenn sie diesem Drang nicht nachgeben. Den meisten Vätern sind solche Gefühle fremd. Ein Vater entwickelt beim Anblick eines Säuglings auch ein Betreuungsverhalten, welches sich im Beschützen, im Sorgen für Nahrung und Unterhalt ausleben kann, aber nicht von einer solchen Intensität wie bei der Mutter geprägt ist. Diese ist bereits durch die Schwangerschaft und Geburt innig mit dem Kind verbunden. Ihr ist es ein Bedürfnis, es körperlich zu versorgen, sie erkennt oft schon am Schreien, was ihrem Kind fehlt. Der Vater dagegen setzt seinen Verstand ein, um zu ergründen, was das Schreien bedeuten mag; er muß den Kopf einsetzen, wo die biologischen Voraussetzungen fehlen.

Interessant ist, daß diese Mutterinstinkte auch bei Tieren störbar sind, und zwar wenn die Tiere unnatürlich groß wurden. Das zeigen die Experimente an Rhesusaffen, die von Shep. Harlow im Primatenlabor der Universität Wisconsin durchgeführt wurden. Diejenigen, die länger als drei Monate in der frühen Kindheit von ihrer Mutter getrennt wurden, waren unfähig zur Paarung und konnten nach künstlicher Befruchtung auch kein Junges aufziehen. Sie waren geplagt von einem Angst- und Aggressionsverhalten, das die natürlichen Triebe völlig durchkreuzte. Ähnlich ist es bei Menschen, die in der frühesten Kindheit keine emotionale Wärme und Geborgenheit bekamen. Sie zeigen tiefgreifende emotionale Störungen und können später nur selten gute Mütter sein, wie es bei verwahrlosten Kindern oder bei Heimkindern immer wieder beobachtet wird.

»In dem selbstlosen mütterlichen Verhalten ist wohl der Kern der Nächstenliebe und Hilfsbereitschaft beim Menschen zu suchen, kostbare, sozial hochangesehene

Entwicklungen im menschlichen Sozialverhalten.[1])«. Harmonisch eingebunden sind diese angeborenen Reaktionsweisen in einen ethisch-moralischen Gesamtkontext, der sich aufgrund der geistigen Kräfte des Menschen entwickeln konnte. Damit wurden große Dimensionen des sozialen Zusammenlebens, des Aggressionsabbaus und der Hilfsbereitschaft eröffnet, die die Menschheit immer höhere Entwicklungsstufen nehmen läßt.

Vitus B. Dröscher legt dar, wie entscheidend die Stunde der Geburt ist, beim Tier und auch beim Menschen. In der Geburtsstunde entsteht die fest verankerte Mutter-Kind-Bindung. Eine »Nase voll Babyduft«[2]) durch Belecken und Beriechen unmittelbar nach der Geburt genügt bei vielen Tieren (Stute, Kuh, Geiß, Hündin, Antilopin, Löwin, Elefantin, Maus, Wal, Robbe, Igel) den Muttertrieb wachzurufen, der so stark und dominant ist, daß er auch am falschen Objekt ausgeübt wird. Nimmt man aber sofort nach der Geburt das Junge weg und gibt es dem Muttertier erst zwei Stunden später wieder, entsteht dieser Mutterinstinkt nie!

Auch beim Menschen entsteht eine enge Mutter-Kind-Bindung während der Geburt. Nicht umsonst nimmt man Müttern, die ihr Kind zur Adoption freigeben wollen, dieses sofort nach der Entbindung weg. Hätten sie es erst im Arm liegen, würde es einer Frau das Herz brechen, ihr Baby wegzugeben. Für das Baby wäre dies auch ein grausames Schicksal.

Die Bindung zwischen Mutter und Kind durch die Geburt ist durchaus wechselseitig. Das Baby hat sieben Minuten bis eine Stunde nach der Geburt eine erhöhte

---

1) Vitus B. Dröscher, Nestwärme, S. 34
2) ebenda, S. 22

Wachheit und sollte in dieser Zeit auf jeden Fall in engstem hautnahen Körperkontakt mit der Mutter bleiben. In der Regel legt es die Mutter automatisch in den linken Arm. Dort hört es die beruhigenden Herzschläge wie im Mutterleib, fühlt Wärme und Geborgenheit und entwickelt das Urvertrauen, das für das gesamte spätere Leben mit all seinen Gefahren so wichtig ist. Das Kontaktbedürfnis ist für das kleine Baby viel wichtiger als das Nahrungsbedürfnis. Schon bei Rhesusaffen konnte dies durch die Experimente mit Muttterersatzattrappen gezeigt werden. Die Rhesusbabys wählten ohne Zögern die Attrappe zum Ankuscheln und verließen sie nur kurz, wenn der Hunger zu groß wurde, um zu den Attrappen mit Nahrungsspendern zu gehen. Es sollte sich auch die sanfte Geburt durchsetzen, bei der das Baby auf den Bauch der Mutter gleitet und man wartet, bis es atmet, ohne ihm den Klaps auf den Po zugeben, der zu einem Angstschrei führt. Warum muß das erste Erlebnis der Kinder auf dieser Welt Angst sein?

Das Baby braucht auch in der Folgezeit engen Kontakt zur Mutter. Neugeborenenstationen sind beinahe eine Grausamkeit. Die Sozialmedizin verfolgte hierbei Irrwege. Hygiene und Schonung der Mutter wurden überbewertet und führten zur weitgehenden Trennung von Mutter und Kind. Glücklicherweise hat sich das Rooming-in, das aus England kam, allmählich durchgesetzt. Experimente zeigen, daß bei Neugeborenen, denen man den Herzschlag der Mutter per Lautsprecher ins Bettchen überträgt, eine geringere Gewichtsabnahme erfolgt und sie auch weit weniger schreien.

Junge weibliche Affenkinder haben offenbar auch schon mütterliche Gefühle. Sie üben bei jüngeren Geschwistern bereits die Babypflege, die die Mutter ihnen vorlebt. Das erinnert uns an das Puppenspielen der kleinen Mädchen. Auch hierbei wird die Mutter oft verblüffend imitiert.

Im Tierreich wurde 1973 bei Zwergeulen auch der Vatertrieb entdeckt: Er wird ähnlich wie bei dem Weibchen durch die Stimmlaute der Küken im Ei vor dem Schlüpfen geweckt. Auch bei den Graugänsen wandelt sich der Gänserich durch das Piepen der Jungen in einen treusorgenden Vater.

Der Analogieschluß zu den Menschen ist naheliegend. Sicher ist es auch bei den Menschen äußerst wichtig, daß der Vater bei der Geburt anwesend ist und Kontakt zu dem Neugeborenen aufnehmen kann, damit sich ein echtes, von Nähe geprägtes Vatergefühl entwickeln kann, das zur Fürsorge und Betreuung motiviert. Es gibt genug Väter, die Angst haben, das Neugeborene zu halten oder zu wickeln. Sie haben zu große Distanz, es fehlen angeborene Reaktionsweisen im Umgang mit einem Neugeborenen. Sie sind stolz auf ihr »Produkt« und übernehmen in der Regel die Verantwortung für die Ernährung, das heißt, sie verdienen das Geld hierfür. Mit der täglichen Betreuung wird es dann schon schwieriger. Ein schreiendes Kind wird ihnen sehr schnell lästig. Eine Mutter spürt durch die innige Verbindung mit dem Kind, was es braucht. Sie ist geduldiger und aufopfernder. Väter können zwar vieles lernen, aber ein voller Ersatz für die Mutter in der frühen Kindheit können sie nicht sein. Dazu fehlen ihnen sicher auch die Hormone. Die Mutterliebe hält beim Menschen ein Leben lang. Die Vaterliebe ist oft schwächer. Ein autoritärer Vater wirft zum Beispiel einen aufsässigen Jugendlichen aus der Familie hinaus in ein ungewisses Schicksal. Die Mutter kann das nicht. Sie versucht zu vermitteln. Väter sind oft viel härter und haben weniger Verständnis für die Belange der Kinder und Jugendlichen. Es ist sicher möglich, Verhaltensänderungen zu lernen, aber wenn das entsprechende Gefühl nicht mitschwingt, wird es immer zu Verhaltensdefiziten kommen.

Bei den meisten Tieren ist die Familie der sichere Hort für die Aufzucht der Jungen. Das zeigt die Bedeutung der Familie. Die Familie entstand über die Arbeitsteilung der Brutpflege und -verteidigung. Dort, wo Tiere bald nach der Entwöhnung die Eltern verlassen oder von diesen vertrieben werden, entstehen keine differenzierten Sozialverbände. Erst wenn größere Tierkinder zu »Helfern« der Eltern bei der Aufzucht der jüngeren werden und länger im Familienverband bleiben, so daß eine Arbeitsteilung entstehen kann, treffen wir auf differenzierte organisierte Gesellschaftssysteme. Man denke dabei an die vielen Affenhorden, an Rudel von Wölfen, Wildhunden und Hyänen. Das organisierte Zusammenleben im Tierreich geht nur über die Familie, zur Großfamilie, Sippe und Clan.

Daneben gibt es Schwärme unorganisierten Zusammenlebens, zum Beispiel bei Heuschrecken, Fischen oder Mücken, bei denen das Individuum keine Rolle spielt, die führerlos sind und sich uniform verhalten.

Innerhalb einer Familienstruktur gibt es stärkere und schwächere Mitglieder. Zum Beispiel bei einer jungen Geschwistergruppe des Wolfsrudels ist sicher ein Welpe mutiger als die anderen, obwohl er unter gleichen Bedingungen groß wurde. Er kann später einmal das Leittier eines Rudels werden. Wenn er sich bewährt hat, wird er anerkannt. Wille zur Dominanz und Willfährigkeit zur Unterordnung sind nahe beieinander. Ist die Rangordnung einmal festgelegt, wird sie akzeptiert. Das stärkt die Gemeinschaft. Kooperation tritt anstelle von aggressiven Rangkämpfen, wenn auch diese immer wieder aufflackern können. Die Führer sind immer die

Männchen, weil sie von ihrem Körperbau her nun einmal die Stärkeren sind. Bei uns Menschen ist es kaum anders.

Das Zusammenleben im Tierreich hat eine ungeheure Variabilität. Es gibt Kindergärten, Tagesmütter, Ammenbetreuung, Babysitter, wilde Jugendbanden und Halbstarke. Oft bestehen auch Familienbande über die Entwicklungsphase hinaus. Familie gibt Sicherheit und Geborgenheit. Wenn zum Beispiel bei der in Einehe lebenden Graugans der Partner stirbt, kehrt sie in die elterliche Familie zurück. Falls diese nicht mehr existiert, schließt sie sich unverheirateten Geschwistern an. Auch von den Affen kennen wir viele Familienprobleme wie zum Beispiel Geschwisterrivalitäten, den natürlichen Trieb zur Babypflege bei den weiblichen Jungen, Daumenlutschen, wenn ein jüngeres Geschwister an die mütterliche Zitze geht, der älteste Sohn bleibt als Kronprinz bei den Eltern, jugendliche Halbstarkenbanden, Kindergärten und so weiter. Unsere sozialen Strukturen sind folglich phylogenetisch (entwicklungsgeschichtlich) alte Reaktionsweisen auf innere und äußere Gefährdungen, die zum Überleben des Einzelnen und der Gruppe dienen.

Mutter- und Vatergefühle verursachen bei den Menschen ein Glücksgefühl, das ihnen den Verzicht auf viele persönlich geschätzte Dinge zugunsten des Kindes leicht macht. So finden wir Menschen alles, was kleinkindhaft aussieht, niedlich und süß. Es führt zu sanften, gütigen, positiven Gefühlsregungen und baut Spannungen und Aggressionen ab. Aus diesem Grund nehmen nicht nur Politiker bei Staatsbesuchen Kinder auf den Arm, sondern auch im Liebesleben und Werbungsverhalten wirken »Kindchenappelle« anziehend und positiv stimmend. Durch Kosmetika werden Kindchensignale verstärkt: große Augen, weicher Schmollmund, rote Wangen und weiche, elastische Haut, eine hohe gewölbte Stirn, eine kleine Nase, ein breites Gesicht, ein großer Kopf, ein kleiner Körper. Das alles sind Merkmale des Kindes, die so stark sind, daß sie uns auch bei nichtmenschlichen Objekten wie Puppen, Tieren, Marionetten und so weiter anziehen. Auch kindliche Verhaltensweisen werden im Liebesspiel beobachtet, zum Beispiel kleinkindhafte Sprache und Redensweise und kindliches Spielverhalten. Das alles geschieht quasi unbewußt, von selbst, weil diese Verhaltensweisen genetisch fixiert sind.

## Bindetrieb und Sympathie

Der Bindetrieb wurde 1965 durch Helga Fischer entdeckt. Er ist ein eigenständiger Trieb, der bei vielen Tierarten nachzuweisen ist und die Grundlage für soziales Verhalten darstellt. Dieser Trieb hat primär nichts mit der Sexualität zu tun, er kann nur sekundär zeitweise mit ihr gekoppelt sein. Das wird bis heute noch nicht genügend berücksichtigt. So schreibt auch Irenäus Eibl-Eibesfeld: »Einmal ist das Kontaktstreben über den Fluchttrieb motiviert. Der Artgenosse ist Fluchtziel. Man findet in seiner Nähe Geborgenheit, er hat Heimvalenz. Eine zweite Motivationswurzel ist der Brutpflegetrieb.«[3]) Aus diesem entwickelt sich auch die Liebe, die durch kindliche Signale aktiviert wird. Vitus Dröscher legt dar, »daß der pure Geschlechtstrieb und der auf persönlichem Sympathie-Empfinden beruhende Bindungstrieb zwei voneinander völlig getrennte Mächte sind. Unter bestimmten Voraussetzungen können wohl beide

---

[3]) Irenäus Eibl-Eibesfeld, Liebe und Haß, S. 148

zueinander in Wechselwirkung treten, aber in keinem Falle ist die Sympathie ein Kind der Sexualität.«[4]) Die Sympathie wird überwiegend über das Gesicht hergestellt, der Sex orientiert sich an allen möglichen, auch tieferliegenden Körperformen. Vitus B. Dröscher definiert: »Geschlechtstrieb und Sex zielen lediglich auf die Befriedigung der Gefühle beim Paarungsakt. Sympathie ist der Trieb zur Gemeinsamkeit unabhängig von sexuellen Neigungen.«[5])

Die Erkenntnis, daß es den Bindetrieb auch beim Menschen gibt, führt zu einer völlig neuen Bewertung des sozialen Zusammenlebens, insbesondere der Ehe und Partnerschaft.

Der soziale Bindetrieb ist auch die Basis für idealistisches und altruistisches Verhalten.

Eng gekoppelt an den Bindetrieb ist die Sympathie. Diese entsteht schon bei der ersten Begegnung. Wir alle kennen die Liebe auf den ersten Blick. Diese Sympathie ist für uns etwas weitgehend Irrationales und völlig individuell Geprägtes. Ist sie beiderseits stark vorhanden, bietet sie die beste Voraussetzung für eine dauerhafte und zuverlässige Partnerbindung. Sie ist jedenfalls dauerhafter als eine sexuelle Entflammtheit und tiefer verankert als eine Bindung aus Vernunftgründen wie Eignung zur Elternschaft, homogene Interessen, Aspekte der Versorgung, soziale Stellung und Charaktereigenschaften. Meist spielt bei einer Partnerwahl des Menschen ein Konglomerat aus all diesen Faktoren eine entscheidende Rolle. Die vorhandene Sympathie trägt jedoch entscheidend zur Harmonisierung des Paares bei.

---

[4]) Vitus B. Dröscher, Sie töten und sie lieben sich, S. 60
[5]) ebenda, S. 61

Fehlt sie, entsteht sehr schnell Disharmonie mit allen negativen Folgen.

Die Sympathie wird, wie bereits dargelegt wurde, überwiegend durch das Gesicht wachgerufen. Sie kann im Laufe der Zeit auch abflauen. Hierzu genügen oft relativ kleine Veränderungen am Aussehen: ein anderes Make-up, eine andere Frisur oder Haarfarbe. Wir sehen bei Fotomodellen, wie wandelbar ein Gesicht durch ein anderes Outfit ist. Es kann plötzlich eine Abneigung entstehen, die vom Verstand nicht kontrolliert werden kann und nicht erklärbar ist. Paare, die harmonisch gelebt haben, fangen plötzlich häufiger Streit an. Wo wohlwollende Zuneigung war, entsteht Distanz. Aus Toleranz und Nachsicht bei Sympathie wird Nörgelei und Selbstbehauptung. Die Aggression, die gebremst war, tritt hervor, und so kann aus Liebe Haß werden. Dies sollte uns sehr zu denken geben und uns veranlassen, unser Äußeres nicht ohne Zustimmung des Partners auf längere Dauer zu ändern. Es nutzt jedem wenig, wenn er sich selbst gefällt, aber nicht mehr dem Partner. Ist die Sympathiebindung in Ordnung, ist sie eine äußerst starke bindende Kraft, die nicht so schnell verglüht wie die Sexualität und auch einige Ehestürme und Gewitter überdauern kann.

Durch einen Seitensprung kann bei einem Menschen eine neue Sympathiebindung angebahnt werden, denn auch die sexuelle Bindung kann Sympathiebindung nach sich ziehen. Ein Seitensprung eines Partners, den dieser vielleicht leichtnimmt, ist daher durchaus gefährlich. Die neue Sympathiebindung kann die alte zerstören.

Sind sich zwei Menschen sympathisch, fragen wir uns, woran erkennen diese ihre Sympathie. Irenäus Eibl-Eibesfeld hat beim Auswerten von Filmen, die er bei verschiedenen Kulturvölkern während der Begrüßung aufnahm, folgendes festgestellt: Begegnet ein Mensch einem anderen und nimmt den ersten Augenkontakt auf, schnellen bei Vorhandensein von Sympathie die Augenbrauen für etwa eine viertel Sekunde hoch. Das geht unbewußt und ganz schnell, kommt aber als Signal beim Gegenüber an, der den Begrüßenden nett und sympathisch findet.

Ganz allgemein gilt, daß das Einzelwesen, ob Tier oder Mensch, eine Appetenz (Begehren) nach der Nähe des Artgenossen hat, diese Nähe zu suchen und zu erhalten. Das sieht man auch schon bei Fisch- oder Vogelschwärmen. Basis und Triebkraft hierfür ist die Schutzsuche. Die Fluchtstimmung aktiviert die Appetenz nach Geborgenheit, die durch die Bindung hergestellt wird.

Über die individualisierte Bindung ensteht die Gruppenbindung, zunächst in der Familie, dann in der Gesellschaft. Wir kennen die Bindungen im Freundeskreis, in Interessengemeinschaften, in Vereinen und Clubs, in Betrieben, in Gemeinden, in Wohngemeinschaften, in Dörfern, Städten und Ländern. Ein Mensch, der keine Zugehörigkeit und damit keine Bindung hat, ist verloren und in der Regel unglücklich. Diese Art der Freiheit bereichert ihn nicht.

## Rangordnung

Bei allen Tieren, die in großer Gruppierung in einem Sozialverband zusammenleben, gewinnt dieser Verband durch eine differenzierte Rangordnung seine Struktur und Funktionsfähigkeit. Sobald sich Lebewesen aus dem Einzeldasein zu einer Gruppierung zusammentun, entsteht eine Rangordnung. Diese Rangordnung steht wohl im Dienste des Ordnungsprinzips der gesamten Natur.

Diese Ordnung bis ins kleinste Detail, über das Atom hinaus, garantiert die Beständigkeit und Funktionsfähigkeit des Lebendigen. Der lebende Körper bildet vom makroskopischen bis in den feinsten mikroskopischen Bereich Funktionseinheiten – man denke nur an das menschliche Gehirn –, die uns erstaunlich sind. Auch unser soziales Zusammenleben ist durch Gesetze genauestens geregelt. Hierdurch werden Streit, Disharmonien und das Auseinanderbrechen der Gesellschaft im Vorfeld vermieden, denn die egoistischen Interessen des Individuums stehen oft im Widerspruch zu den Interessen des Allgemeinwesens.

Interessant ist, daß eine gut funktionierende Ordnung durch unvorhersehbare Einflüsse derart gestört werden kann, daß Chaos entsteht. Zielgerichtete Funktionsabläufe sind im Chaos nicht möglich. Die Chaosforschung hat aber gezeigt, daß Chaos nur ein vorübergehender Zustand der Unruhe ist, aus dem sich immer wieder in kreativer Art und Weise neue Ordnungsprinzipien entwickeln können.

Finden sich Lebewesen zu Gruppen zusammen, haben die einzelnen Individuen immer verschiedene Vorzüge und Begabungen. Diese sind bei den Tieren vor allem körperliche Stärke, Mut, Auffinden besserer Futterplätze, beim Menschen zusätzlich Intelligenz, soziale Fähigkeiten, Willensstärke, Aggressionsbereitschaft, Kreativität und so weiter. In den verschiedenen Bereichen werden dann die Menschen oder Tiere mit den besten Begabungen dominieren, denn der Schwächere wird sich gemäß dem Naturgesetz unterordnen, wenn er merkt, daß er nicht konkurrieren kann. Der Wettstreit wird aufgegeben oder erst gar nicht begonnen, wenn ein Sieg aussichtslos erscheint. Es ist den Lebewesen auch die Fähigkeit angeboren, sich unterzuordnen, denn ein

Kampf ohne Aussicht auf Sieg wäre Selbstzerstörung und damit widernatürlich.

Gruppen- oder Rudelführer bei den Tieren sind die Männchen, und zwar die stärksten, die sich durch Rivalitätskämpfe im Sinne des Fortpflanzungserfolgs durchgesetzt haben. Auch beim Menschen dominieren aus dem gleichen Grund die Männer. Gruppenführer sind in der Regel dann Menschen, die eine besondere oder mehrere Eigenschaften stark in sich vereinen. Es können Diktatoren mit ausgeprägtem Machtstreben und Redegewandtheit sein oder auch demokratische Führer, die Wissen, soziale Kompetenz und Stärke besitzen. Es gibt viele Variationen von Möglichkeiten, die ein Gruppenführer positiv oder negativ haben kann, aber immer hebt er sich in besonderem Maße aus der Population hervor.

Das Streben nach Dominanz ist ebenfalls ein allgemein zu beobachtendes Phänomen bei Tier und Mensch und zwar bevorzugt bei den männlichen Individuen. Es hängt wohl mit der Notwendigkeit der Stärkung des Individuums im Sinne der Fortpflanzung zusammen. Der Stärkste hat die besten Fortpflanzungsmöglichkeiten. Rangkämpfe gehen voraus. Der Sieger beweist seine Stärke, die ihm Ansehen und Sicherheit gibt und der Feindabwehr dient. Eine Dominanz über die Gruppenmitglieder erhöht das Stärkegefühl zum Machtbewußtsein, was leicht mißbraucht werden kann zur eigenen weiteren Selbsterhöhung. Es wurde bereits geschildert, welch unumschränkte Macht ein Gnubulle oder ein Seelöwenbulle hat, der einmal eine Vorrangstellung erreicht hat. Auch die unumschränkte Dominanz des Chefs von Affenhorden ist bekannt. Mit Stolz und Stärke regieren sie über ihr Reich und lassen sich bedienen. An der Spitze sind immer die Männchen. Sie wurden stärker und stärker, weil sich in Rivalenkämpfen um ein

Weibchen immer der Stärkste durchsetzte, der dann den Selektionsvorteil durch die besseren Fortpflanzungsmöglichkeiten hatte. Beim Menschen wird nun der Machtmißbrauch eingegrenzt, und zwar subjektiv durch Verantwortungsbewußtsein, objektiv durch gesellschaftliche Kontrollinstanzen.

Eine Auseinandersetzung mit Artgenossen setzt ein Aggressions- und Aktivitätspotential voraus, aber auch den Siegeswillen, das heißt das Dominanzstreben. Aus dem seither Gesagten ergibt sich, daß die Männchen, die sich um Fortpflanzungsmöglichkeiten bemühen müssen, in der gesamten Evolution Rivalitätskämpfen ausgesetzt waren, so daß ihr Aggressions- und Aktivitätspotential ständig gefordert war und sich entsprechend entwickelt hat. Im Tierreich setzen sich die Größten und Stärksten durch. Der »Ich-starke« Mensch muß sich in der Gruppe positiv bewährt haben, sei es durch gute Schulnoten, durch Wettkämpfe im Sport, durch Redegewandtheit oder zum Beispiel anerkannte soziale Fähigkeiten. Jemand, der die Auseinandersetzung scheut, weil er kein Aggressionspotential hat oder es nicht einsetzt, der immer nachgibt, nie einen Kampf aufnimmt – auch nicht im geistigen Wettstreit –, bleibt extrem schwach, ist manipulierbar, zeigt in der Folge Ängste und ist damit eine »kranke« Person.

Aus dem natürlichen Dominanzstreben des Menschen ergibt sich eine höchst differenzierte Rangfolge, die in Bewegung ist und immer wieder neu abgesteckt wird. Andererseits werden wesentliche Rangpositionen, die einmal erreicht sind, durch Symbole der Macht bekräftigt und stabilisiert, zum Teil auch legalisiert wie bei Politikern, Richtern und hohen Staatsbeamten. Hierzu gehören Roben, große Autos mit Fahrern, bestimmte Kleidung zu bestimmten Anlässen, wie wir sie besonders in der katholischen Kirche sehen, Machtinsignien wie Reichsapfel, Zepter und Stab und so weiter. Durch die Anerkennung dieser Rangordnung werden zu viele Aggressionen um Rangkämpfe vermieden. Damit wird eine gewisse Stabilität in der Gesellschaftsordnung erreicht.

Problematisch und dem heutigen Zeitgeist nicht mehr entsprechend, sind ererbte Rangfolgen, weil hierdurch die freie Entfaltung der Persönlichkeit verhindert wird, die als ethisches Grundprinzip weltweit anerkannt wurde.

Eine der wichtigsten überlieferten Rangfolgen ist die Vorherrschaft des Mannes in der Gesellschaft. Nur aufgrund seines Geschlechtes hatte er jahrhundertelang Vorrechte: Er durfte lernen, sich bilden, studieren. Er hatte damit Zugang zu allen führenden Berufen in der Wissenschaft, der Politik und der Kunst und hatte die Macht über das Geld. Im privaten Bereich mußte die Ehefrau am Traualtar geloben, daß sie ihrem Mann untertan sein werde und dienen werde, folglich beanspruchte er, zu Hause bedient zu werden. Die Pantoffel wurden von der Frau geholt, die Kleider herausgelegt, die er anziehen wollte, der Koffer gepackt bei Reisen, das Essen aufgetischt und auf den Teller gelegt, die Kleider, die er beim Ausziehen achtlos auf den Boden warf, wurden aufgehoben, die schmutzigen Strümpfe wurden eingesammelt. Wollte er beim Zeitunglesen nicht gestört werden, mußte das von Frau und Kindern respektiert werden, niemand durfte sprechen. In der Sexualität mußte die Frau ihre »Pflicht« erfüllen und dem Mann jederzeit zur Verfügung stehen. Sein Name wurde tradiert. Bei der Geburt eines Kindes war der »Stammhalter« das größte Glück und der Stolz einer jeden Familie. In der Gesellschaft galt die Frau ohne den

Mann nichts. Sie konnte nicht alleine in ein Restaurant gehen, selbst bei Kulturveranstaltungen wie Theaterbesuchen blickte man sie mitleidig oder gar despektierlich an. Es gäbe noch viele Beispiele zu diesem Thema.

Erstaunlich ist, daß das Aufgeführte noch längst nicht der Vergangenheit angehört. Hiergegen begehren die Frauen heute auf, mit Recht, denn es geht um ihre Menschenwürde, nicht nur um Geichberechtigung im Sinne des Rechtes. Die demokratische Gesinnung der Männer, die sie in aller Welt propagieren, hat sich in ihrem Verhältnis zu dem weiblichen Geschlecht und in ihrer Familie noch längst nicht verwirklicht.

Gehen wir in der Evolution zurück, so ist, wie wir bereits sahen, das Dominanzstreben der männlichen Individuen ursprünglich auf die Fortpflanzungsmöglichkeit ausgerichtet. Dies kann nicht genug betont werden, da hier die Wurzeln des männlichen Verhaltens zu suchen sind. Mit zunehmender Differenzierung, insbesondere bei den Primaten, dauerte die Abhängigkeit der Jungen von der Mutter immer länger und führte dazu, daß die Mutter auch mehrere Generationen von Nachkommen als Geschwister zu versorgen hatte. Sie nährte, schützte und unterwies sie und sammelte auch gemeinsam mit ihnen Nahrung, was etwa siebzig bis achtzig Prozent des Nahrungsbedarfs ausmachte. Die enge Mutter-Kind-Bindung führte dazu, daß die Mutter für den Nachwuchs eine ganz bedeutende Rolle hatte als Nahrungsspenderin, Beschützerin und Wissende, die auf das Leben vorbereitete. So ist es nicht verwunderlich, daß Muttergottheiten in frühen Kulturen vorherrschten. Das Dominanzbedürfnis der Weibchen war durch die Bedeutung, die sie als Mutter hatten, immer befriedigt. Sie mußten nie darum kämpfen. Die Männchen waren in dieser Mutter-Kind-Einheit primär nicht wichtig. Ihre freien Valenzen, die sie außerhalb ihrer Fortpflanzungsaktivitäten hatten, dehnten sie auf die Jagd aus und schließlich auch auf die äußere Verteidigung. Da dies in der Gruppe leichter war, bildeten sie Kampfgemeinschaften mit all den dazugehörenden Sitten, Gebräuchen und Rangordnungen.

Die Muttergottheiten waren Göttinnen der Weisheit, des Lebens und des Todes und hatten damit ungeheure Macht. Sie herrschten rund um das Mittelmeer, aber auch in anderen Teilen der Welt, und sind durch Namen vertreten wie Isis, Isis-Hathor, Nuth und Ta-Urt in Ägypten, Coatlicue in Mexiko, Kwan-Yin in China, Tara in Indien, Gaia, Hekate, Artemis und Aphrodite in Hellas. Ihre Priesterinnen waren Frauen, die magische Beschwörungsformeln kannten, Orakel aussprachen und um die Eigenschaften und Kraft von pflanzlichen Drogen wußten. So herrschten die Priesterinnen über Leben, Tod und Gedanken der Menschen. Das rief auch bei den Männern Furcht hervor, so daß Mythen von bösen Hexen und männermordenden Amazonen entstanden.

Die Rolle des Mannes wurde bei der zunehmenden Seßhaftigkeit mit Ackerbau und Viehzucht bedeutender. Seine Arbeitskraft war gefragt, und Lebensräume mußten verteidigt werden. Zu dieser Zeit, vor etwa zehn- bis zwanzigtausend Jahren, entstanden auch die ersten männlichen Gottheiten. Die Männer wurden selbstbewußter und mit ihrem höheren Aggressionspotential rissen sie allmählich die Macht völlig an sich. Es entstanden die monotheistischen Religionen, in denen der höchste Gott ein Mann ist und die bis heute einen Männerkult betreiben. Da die Frauen biologisch zu starken Männern tendieren, ließen sie sich das gefallen.

Nachdem die Männer in Religion, Kultur, Politik und Wissenschaft die Macht an sich genommen hatten, bauten sie diese immer weiter aus, unterdrückten die Frauen gesellschaftlich und ließen ihnen keinen Zugang zu den wichtigen Positionen. Erstaunlich ist, daß die Frauen dies mit sich geschehen ließen. Berücksichtigen wir aber die biologischen Komponenten, wundert uns das nicht. Die Frau hatte immer ihre Bedeutung im Haus und bei der Kindererziehung, die sie voll ausfüllte. Durch diese Bedeutung wurde auch das Selbstbewußtsein der Frau nie ganz untergraben. Wieviele Frauen haben hinter den Kulissen ihre Männer dirigiert und beeinflußt! Weise Ratschläge einer Frau waren vielen Männern immer wichtig. Egal wie die gesellschaftliche Stellung der Frau war, sie blieb immer mütterliche Ratgeberin, zumal wenn der Mann müde war von all dem Macht- und Statusgerangel draußen in der Welt. Bei ihr, die seinen Status nicht anfocht, konnte er sich ausruhen. Er ließ sie auch im Haus gewähren, wo sie oft genug das Geld einteilte, mit Dienstboten umging und sich um die Erziehung und Bildung der Kinder kümmerte. Hier hatte sie ihre Domäne. Viele Frauen waren damit zufrieden. Solange die Frau den Bannkreis der Familie nicht verließ, sich sittsam und brav dem Mann unterordnete, ihre häuslichen Pflichten wahrnahm, passierte ihr nichts. In dieser Nische konnte sie leben und sich in den damit vorgegebenen Grenzen entfalten. Verließ sie aber diesen Bannkreis, ging es ihr schlecht, dann kam die Diskriminierung der Frau durch.

## Grundzüge des Werbungsverhaltens und Liebesspiels beim Menschen aus biologischer Sicht

Es ist äußerst bemerkenswert, daß man bei allen Menschen transkulturell gleiche Verhaltensweisen in der Liebes- und Brautwerbung beobachten kann. Sie sind angeboren und lassen sich im wesentlichen auf Brutpflegeverhalten zurückführen. Parallelen zum Verhalten der Tiere sind unverkennbar.

Überwiegend werben die Männchen um das Weibchen. So auch bei den Menschen. Die Sexualität der Männer ist drängender. Biologisch gesehen muß der Samen gestreut werden. Die Frau ist abwartender, wählerischer, denn der Partner muß potentiell, biologisch gesehen, für die Aufzucht des Nachwuchses geeignet sein. Weibchen kommen jedoch auch zu Männchen und signalisieren Paarungswillen, wenn es auch dann noch lange nicht zur Paarung kommt. So auch bei den Frauen. Sie locken Männer an, zeigen Interesse und warten ab. Dann ist der Mann an der Reihe mit Werbungsbemühen.

Interesse erweckende äußere Reize sind für den Mann, wie bereits gesehen, sogenannte »Kindchenmerkmale«: gewölbte Stirn, große Augen, runde rote Wangen, ein weicher Saugmund, Merkmale, die durch Make-up betont werden. Sie erwecken Betreuungsverhalten, machen nachsichtig und tolerant. Dazu kommen Brüste als wolllüstige Nahrungsspender, runde Hüften, weicher Po und so weiter. Weiche sanfte Bewegungen, die im charmanten Verhalten einfließen, signalisieren Hingabebereitschaft. Sie lassen auf wenig Abwehr und Widerstand schließen.

Umgekehrt wirken auf die Frau anziehend: eine kräftige Gestalt – der Mann muß größer als die Frau sein, denn die Nachkommenschaft muß verteidigt werden –, Wissen und Können als geistige Stärkemerkmale, beruflicher Erfolg und Besitz als Sicherheitsgarantie für die Aufzucht der Kinder. Ein Mann mit Besitz imponiert sehr. Wir kennen das aus dem Tierreich, wo bereits ein Revier oder Nestmaterial als Besitz vorgezeigt werden muß, soll ein Weibchen gewonnen werden. Wenn Männer sich beklagen, die Frau sei nur auf Materielles aus, sie erwarte Geschenke, wolle eingeladen und ausgeführt werden, so stimmt das. Diese Gesten imponieren Frauen sehr. Für sie steht jedoch nicht der materielle Gewinn im Vordergrund, sondern das, was durch diese Handlungen signalisiert wird: Sicherheit und Geborgenheit. Paart sich das mit einem vertrauenswürdigen zuverlässigen Charakter und einem der Frau sympathischen Aussehen, ist der Mann für sie unwiderstehlich.

Tradierte Verhaltensweisen in unserer Kultur unterstützen die Demonstration der Beschützerfunktion des Mannes, zum Beispiel einer Frau in den Mantel helfen, die Tür aufhalten oder in einem Restaurant für beide bezahlen, was herkömmlich einen Kavalier ausmachte. Auch heute noch verfehlen derartige Verhaltensweisen ihre Wirkung bei Frauen nicht, auch wenn vorübergehend im Rahmen des trotzigen Aufbegehrens der Frauen Kavaliere zum Teil als bevormundend abgelehnt werden. Biologisch gesehen, muß nun einmal der Mann in der Lage sein, seine Nachkommen zu ernähren, wenn die Mutter mit der Pflege des Kindes voll beschäftigt ist.

Kann der Mann umgekehrt diese Beschützer-Faktoren ausspielen, geben sie ihm ein Gefühl von Bedeutung und Stärke, was seine Potenz erhöht. Er spricht jedoch auf eine Frau primär nach Körpermerkmalen an, die bereits aufgeführt wurden. Charaktereigenschaften oder Status einer Frau sind höchstens sekundäre berechnende Faktoren. Primär ist sein Ziel bei Kontaktaufnahme der möglichst schnelle sexuelle Erfolg, während ihr primäres Ziel menschliche Kommunikation, Angenommensein, Geborgensein ist. Damit verbunden wird erst in zweiter Linie der sexuelle Kontakt gesucht. Schauen wir uns aber weiter das Werbungsverhalten an. Die tierischen Paarungsspiele Weglaufen und Nachlaufen finden wir auch bei den Menschen im Liebesspiel. Beim Flirt reizt Sprödigkeitsverhalten zum Nachfolgen. Auch die Augen nehmen Kontakt auf und werden wieder niedergeschlagen oder wenden sich ab. Das Spiel wiederholt sich. Augenkontakt und Lächeln aktivieren positive Gefühle. Das Lächeln baut überall Aggressionen, Fremdheit und Schranken ab. Wie glücklich sind die Eltern, wenn ein Baby lächelt. Es aktiviert Betreuungsgefühle. Über Lächeln ist Anfreunden möglich.

Gerüche als sexuelle Duftstoffe sollen locken. Die Parfumindustrie hat hieraus eine Kultur gemacht. Geschenke stimmen günstig. Sie sind verwandt mit dem Füttern. Auch männliche Tiere bringen der Umworbenen Geschenke. Geschenke haben in großem Umfang eine aggressionsdämpfende und bandenstiftende Funktion. Zu erinnern sei in diesem Zusammenhang auch an die Gastgeschenke.

Mit süßen Worten Umschmeicheln stellt Kontakte her. Eine Mutter spricht auch mit ihrem Kind, wobei der Inhalt der Worte unwesentlich ist. In der Liebeswerbung wird sehr viel gesagt, was einer kritischen Prüfung nicht standhält. Es werden viele beruhigende Worte und verbale Schutzzusicherungen geäußert, die sich später als unrealistisch erweisen.

Kleinkindhaftes Verhalten der Frau in Stimme, Sprache und Aussehen (Mund etwas geöffnet) erweckt Zuneigung und dämpft Aggressionen. Mädchen geben sich gerne hilflos in Gegenwart des Mannes, das erweckt bei ihm Betreuungsverhalten.

Das Küssen, sowohl Lippen- als auch Zungenkuß, leitet sich von der Fütterung ab, wie wir es zum Beispiel auch beim Schnäbeln der Vögel sehen. Es ist Füttern ohne Futter. Das Zärtlichkeitsfüttern gibt es bei Mensch und Tier, zum Beispiel jemandem zärtlich etwas in den Mund stecken. Daraus leitet sich ab, daß zum Beispiel ein Küßchen geben zum Beschwichtigungsverhalten bei gegenseitiger Aggression dient. Wenn z.B. eine Frau mit kindlicher Stimme sagt: »Bist du mir noch böse?«, wenn sie dazu noch einen Schmollmund macht und ein Küßchen gibt, so verfehlt das seine Wirkung bestimmt nicht. Küsse zur Begrüßung, beim Abschied, beim Gutenachtsagen dienen der Festigung der Beziehung. Schon bei den Vögeln wurde das beobachtet und beschrieben.

Kneifen, Kitzeln, Streicheln, Kraulen, besonders in den Kopfhaaren, findet sich bei Mensch und Tier gleichermaßen. Soziale Körperpflege gibt es ebenfalls bei Mensch und Tier. Sich den Rücken waschen, massieren und Talgdrüsen ausdrücken sind weit verbreitete intime Körperkontakte. Beim Streicheln bestimmter Körperregionen, der erogenen Zonen, werden sexuelle Gefühle stimuliert. Daher gehört das Streicheln auch zum Vorspiel des Liebesaktes. Wir sahen, daß auch Tiere erogene Zonen haben, nach deren Berührung es bald zur Paarung kommt.

In der Liebesbeziehung spielt Umarmung als mütterliche Schutzgebärde eine große Rolle. Es wird gekuschelt und an der Brust gesaugt, wie im Mutter-Kind-Verhalten.

Beim Menschen ist die sexuelle Paarung nicht öffentlich. Man kann dies auch schon bei Affen beobachten. Möglicherweise spielt hierbei die Vermeidung des Gruppenneids eine Rolle. Auch das Schamgefühl, das angeboren ist, hat eine Schutzfunktion für die Sexualität. Ihr geordneter, ungestörter Ablauf ist wichtig für die Zeugung des Nachwuchses im Dienste der Arterhaltung.

Alle diese Verhaltensweisen sind angeborene Reaktionen, die bei allen Menschen und allen Kulturen zu beobachten sind. Sie sind hormonell gesteuert und garantieren den geordneten Ablauf der sexuellen Annäherung, die schließlich zur sexuellen Vereinigung führt. Sie stehen damit im Dienst der Arterhaltung und sichern diese ab.

## Biologische Unterschiede zwischen Mann und Frau: das andere Gehirn

Das Vorhandensein von biologischen Unterschieden zwischen Mann und Frau kann wohl kein vernünftig denkender Mensch abstreiten. Die biologische Existenz eines Lebewesens muß durch die Fortpflanzung und durch Überlebensstrategien abgesichert sein, sonst stirbt die Art aus. Zu dieser Absicherung sind die Lebewesen mit einem genetisch verankerten dominanten geschlechtsspezifischen Triebverhalten ausgestattet. Durch die Differenzierung in Geschlechter wird eine Optimierung der Fortpflanzung und der Überlebenschancen erreicht. Dies geschieht einmal durch die Mischung von genetischem Material, zum anderen durch Aufgabenteilung in der Bewältigung der Umwelt. Auch die Menschen unterliegen diesem Prinzip, sonst könnten sie nicht überleben. Sexualität, Brutpflege, soziale Kompetenz und Handlungsstrategien sind somit die wichtigsten biologischen Prinzipien zum Überleben der Art, auch beim Menschen.

Wir wissen heute, daß Männer und Frauen nicht nur körperlich unterschiedlich gebaut sind, sondern auch verschieden organisierte Gehirne haben, die der Spezialisierung in Aufgabenteilung dienen. Ob ein Lebewesen männlich oder weiblich wird, hängt vom genetischen Code ab. Die strukturelle Entwicklung des Gehirns wird aber bereits im Mutterleib hormonell gesteuert und ist daher biegsam, so daß es viele Überschneidungen von männlichen und weiblichen Gehirnen gibt. Hier können wir nur die überwiegende Dominanz der Eigenschaften betrachten.

Gehirnforschungen kann man besonders gut an Ratten betreiben, da deren Gehirne sich nach der Geburt außerhalb des Mutterleibs differenzieren und heranbilden. Man hat festgestellt, daß männliche Ratten aller Altersstufen eine signifikant dickere rechte Hemisphäre haben, während weibliche Ratten eine dickere linke Hemisphäre aufweisen. Verändert man den Hormoneinfluß nach der Geburt, kann man die Ergebnisse ebenfalls verändern. Man erkannte, wie wichtig Geschlechtshormone für das Entstehen der Asymmetrie der Gehirne sind.

Warum sollten beim Menschen keine Gehirnunterschiede zwischen Männern und Frauen bestehen, wenn der gesamte übrige Körperbau unterschiedlich ist? Erste Ergebnisse hat man bereits gefunden: Der Balken, eine Ansammlung von Nervenfasern, die die rechte Gehirnhälfte mit der linken verbinden, ist an einer wichtigen Stelle, dem Isthmus, bei den Frauen dicker und knolliger als bei den Männern. Durch diese Region führen Wahrnehmungs- und Sprachfunktionen. Das läßt Rückschlüsse darauf zu, daß die beiden Hirnhälften besser miteinander kommunizieren können. Wenn man bedenkt, daß jede Hirnhälfte spezifische Funktionen hat, müssen bei Männern und Frauen unterschiedliche Fähigkeiten resultieren. Die Erforschung der strukturellen Gehirnunterschiede steht noch ganz am Anfang.

Viele Unterschiede hat man jedoch schon auf funktioneller Ebene gefunden. Bekannt ist, daß die linke Hirnhälfte für die Sprache und für die methodische Verarbeitung von Informationen zuständig ist. Hier liegen auch Lese-, Schreib- und Rechenzentrum, und hier laufen logische folgerichtige Denkprozesse ab.

Die rechte Hirnhälfte verarbeitet die visuellen Informationen. Hier finden sich Zentren, die mit der räumlichen Wahrnehmung zu tun haben, mit der Orientierung und der Aufnahme des Gesamtbildes, der Grundformen und Grundmuster. Sie steuert abstrakte Denkprozesse und einige Gefühlsreaktionen, so daß der rechten Hirnhälfte die Kreativität zugeschrieben wird.

Die Hirnforschung wurde lange Zeit nur an männlichen Gehirnen betrieben. Das war eine Folge der Hirnverletzungen in Kriegen. Vor etwa dreißig Jahren wurde jedoch erstmals bei Operationen an Epileptikern in einem Forschungszentrum in Bethesda in USA entdeckt, daß Frauen und Männer, deren Gehirn an der gleichen Stelle beschädigt war, unterschiedliche Ausfälle hatten. So büßten Männer bei einem Rechtshirnschaden ihre räumliche Wahrnehmung fast vollständig ein, während dies bei Frauen nicht der Fall war. Bei einer Beschädigung der linken Hirnhälfte verloren Männer einen großen Teil ihrer Sprachbeherrschung, während Frauen bei exakt dem gleichen Schaden ihr Sprachvermögen beibehielten. Die Wahrscheinlichkeit, daß bei der gleichen Operation die Männer ihr Sprachvermögen einbüßten, war dreimal so hoch wie bei den Frauen.

Daraus folgte die Erkenntnis, daß das männliche Gehirn stärker spezialisiert ist als das weibliche. Seine Funktionen sind umschriebener lokalisiert. Die linke Seite des männlichen Gehirns dient fast ausschließlich der Kontrolle der verbalen Fähigkeiten, mit denen das logische Denken verknüpft ist, während die rechte Seite für die visuelle Verarbeitung zuständig ist. Bei Frauen werden für diese Funktionen jeweils beide Hirnhälften eingesetzt. Sie sind deutlich schwächer lateralisiert. Man kann derartige funktionelle Unterschiede heute sehr gut dokumentieren durch die Messung der Durchblutung bei verschiedenen Aufgabenstellungen. Es zeigte sich folglich, je weiblicher ein Gehirn ist, desto diffuser sind die Hirnfunktionen aufgeteilt.

Das hat den Vorteil, daß Frauen besser sind im Erfassen von Situationen und Menschen. Sie können Denken, Fühlen, visuelles Wahrnehmen und Sprache besser kombinieren. Sie sind intuitiver. Männer dagegen können sich besser auf eine Sache konzentrieren. Ihre Denkvorgänge werden nicht irritiert durch Gefühlswahrnehmungen. Folglich können sie Vernunft und Gefühle besser voneinander trennen.

Beobachtungen weisen darauf hin, daß die kritische Phase der Gehirndifferenzierung in männliche oder weibliche Strukturen um die sechste Schwangerschaftswoche liegt. Männliche Embryos werden zu dieser Zeit mit einer hohen Dosis Testosteron überschwemmt, welches offenbar die männliche Gehirnausformung einleitet. Erfolgt zu dieser Zeit eine Hormonbehandlung der Mutter mit Östrogenen, den weiblichen Hormonen, wie dies in den sechziger Jahren bei der Behandlung von Schwangerschaftskomplikationen üblich war, resultiert daraus bei Jungen ein mehr weibliches Verhalten. Ihr Gehirn hat sich nicht männlich ausgestaltet. Man nimmt an, daß das Gehirn primär weiblich angelegt ist, das heißt, daß die Funktionen diffuser verteilt sind und es sich erst unter dem Einfluß der männlichen Hormone spezialisiert und focussiert (herdförmig spezialisiert).

Diese Forschungsunterschiede werden heute wissenschaftlich intensiv diskutiert. Sie lassen Rückschlüsse erkennen, daß spezifisch männliches und weibliches Denken, Fühlen, Wahrnehmen und Verhalten ihre Ursachen in unterschiedlichen Hirnstrukturen haben. Da es bei dem Menschen eine Fülle von Überschneidungen gibt, ist das wissenschaftliche Problem groß. Nicht jeder Mann verhält sich typisch männlich und nicht jede Frau typisch weiblich. Lediglich bei der Mehrzahl der Menschen ist ein geschlechtsspezifisches Verhalten festzustellen.

Viele interessante Experimente zu den nun folgenden Ergebnissen sind in dem Buch *Brainsex* von Anne Moir und David Jessel zusammengetragen. Der Übersicht halber werden diese hier nicht im einzelnen aufgeführt.

Worin besteht nun die hormonspezifische Determination von Frau und Mann, die irrtümlich in der Vergangenheit bis in die Gegenwart als anerzogen betrachtet wurde?

**Die Frau:**
Allgemein bekannte biologische Tatsachen sind folgende: Die weiblichen Hormone bereiten die Frau in ihrer Gestalt auf das Empfangen des männlichen Samens und auf das Austragen der Frucht – des Kindes – vor. Eierstock und Eileiter liefern das Ei, das im Leib der Frau, in der Gebärmutter, befruchtet wird und reift. Der Körperbau zeigt folglich ein breites Becken und weiche Konturen, da das Bindegewebe wegen der nötigen Dehnbarkeit locker ist und die Muskelmasse gegenüber der des Mannes deutlich zurücktritt. Das Unterhautfettgewebe ist als stille Nahrungsreserve ausgeprägter als beim Mann. Die Brüste sind zur Ernährung des Kindes nötig und werden durch die Schwangerschaftshormone stimuliert.

Die Hormone in Verbindung mit dem Gehirn haben aber nicht nur eine körperliche Auswirkung, sondern werden auch begleitet von psychologischen Determinanten im Denken, Fühlen und Verhalten.

Wir sahen bereits, daß weibliche Gehirne stärker vernetzt sind als männliche. Daraus resultiert die bekannte Fähigkeit der Frauen, Verstand und Gefühle besser zu kombinieren, ihre bessere Sprachflüssigkeit und Schnelligkeit der Artikulation (überwiegend Jungen sind Stotterer), ihre Gewandtheit in nonverbaler Kommunikation, ihre soziale Empfindsamkeit, ihre Fähigkeit, den Charakter eines Menschen schneller zu erfassen und ihr breiteres visuelles Spektrum, was ihr die Fähigkeit eines besseren Überblicks gibt. Nachteilig wirkt sich die mangelnde Abgrenzung einzelner Fähigkeiten dahin aus, daß es ihr schwerfällt, sich ausschließlich und intensiv mit einer Sache zu beschäftigen. Sie wird von zu vielen anderen Impulsen ihres Gehirns irritiert. Abstraktes, räumliches und theoretisches Vorstellungsvermögen fallen ihr dadurch auch schwerer als dem Mann. Bei einer Untersuchung in den USA fand man eine mathematische Hochbegabung von eins zu dreizehn bei Mädchen zu Jungen. Bekannt ist die naturwissenschaftliche Überlegenheit der Jungen in den Schulen. Bei den Frauen sind zusätzlich sensorische Fähigkeiten stärker ausgeprägt. Ihr Tast- und Geruchssinn ist empfindlicher, sie bevorzugen häufig süß und meiden bitter. Sie sind feinfühliger im Wahrnehmen von Andeutungen, Fingerzeigen und Nuancen im Tonfall. In der sozialen Diplomatie sind sie den Männern überlegen.

Interessant ist, daß schon bei Babys Geschlechtsunterschiede zu beobachten sind. Man hat herausgefunden, daß weibliche Säuglinge tast- und geräuschempfindlicher sind, häufig den Augenkontakt suchen und Menschen anglucksen, während Jungs genauso an Dingen interessiert sind. Mädchen zeigen früh einen Hang zu Menschen, gehen öfter zur Mutter und sprechen früher. Sie sind motorisch ruhiger, sitzen mehr, während Jungen einen größeren Bewegungsdrang haben. Das hyperkinetische Syndrom, eine übersteigerte motorische Unruhe, findet sich überwiegend bei Jungs. Für Mädchen sind Geschichten wichtig, die Heim, Freundschaft und Gefühle thematisieren. Beim Spielen sind sie kooperativ, sie wechseln sich ab, tun etwas miteinander und sind weitgehend frei von Konkurrenz und Rivalität. In den Schulpausen reden sie miteinander, während Jungen herumrennen. Streiten sie sich, so tun sie das mit Worten, nicht mit Fäusten. Sie sind an Menschen interessiert. Ihre Welt ist die der Kommunikation und Beziehungen, nicht die der Materie.

Für Frauen ist Beliebtheit wichtiger als Erfolg. Eine Führerfunktion ist für sie nur interessant, wenn sie mit sozialer Verantwortung gekoppelt ist. Akademikerinnen publizieren beispielsweise weniger als ihre männlichen Kollegen, da für sie soziale Faktoren, wie zum Beispiel die Lernatmosphäre in den Universitäten und der Kontakt zu den Studenten, wichtiger sind. Frauen leben mehr für andere als für sich selbst. Sie bevorzugen daher Berufe, bei denen zwischenmenschliche Interaktion gefragt ist, wie beispielsweise den der Lehrerin oder im sozialen Bereich. Das Denken der Frauen kreist um Menschen, Moral, Beziehungen, Freundschaften. Sie sind weniger erfolgshungrig als die Männer. Erfüllung und Befriedigung ist für sie wichtig.

In der Sexualität werden sie über die Sinne erregt. Dabei spielen Geruch, Geschmack, Gehör und Streicheln eine Rolle. Sie empfinden erotisches Vergnügen beim Lesen von Romanen. Sie wollen Beziehungen,

Liebe, Zuneigung, Zärtlichkeit und Innigkeit und weniger flüchtige Liebesabenteuer. Sie wollen an den Gefühlen des anderen teilnehmen und empfinden den Kummer des anderen als eigenen. Daher sind für sie Innigkeit und Treue wichtig.

Geistige Interessen liegen im Bereich des Ästhetischen, Religiösen, Sozialen und Psychologischen; Geld, Politik und Wirtschaft sind weniger interessant. Die typische Karrierefrau hat männliche Strategien.

Alle diese genannten typischen Fähigkeiten und die daraus resultierenden Interessen entspringen sicher nicht nur einem kulturell bestimmten Rollenverhalten, sondern sind auch biologisch vorprogrammiert und haben ihren biologischen Sinn. Dieser ist ersichtlich, wenn man folgende Betrachtungen anstellt:

Die Hormone bewirken die Appetanz nach dem anderen Geschlecht, auch Libido genannt, die die grundsätzliche Bereitschaft zur sexuellen Betätigung darstellt und bei beiden Geschlechtern vorhanden ist. Die Libido der Frau ist in der Regel nicht so drängend wie die des Mannes. Dadurch kann sie Geduld in der Partnerauswahl aufbringen, was wichtig ist, da, biologisch gesehen, der Partner potentiell auch geeignet für die Versorgung der Nachkommenschaft sein muß. Geht die Frau den Sexualkontakt ein, entsteht in der Regel eine tiefere Bindung an den Mann, als dies umgekehrt der Fall ist. Auch dabei ist, biologisch gesehen, ein Versorgungsaspekt nicht unwichtig.

Das Austragen der Frucht setzt ein Bewahrenkönnen, ein »In-sich-wachsen-lassen« voraus, das expansiver Handlungsweise widerspricht. Die Fähigkeit zur Introspektion, zur Beobachtung und zum Behüten dessen, was im eigenen Leib heranwächst, ist die Voraussetzung zum Austragen einer Frucht, gepaart mit Widerstandsfähigkeit gegen Krankheiten. Schmerzen ertragen können ist wichtig für den Geburtsvorgang. Folglich finden sich diese Eigenschaften bevorzugt bei Frauen. Mädchen haben als Kleinkinder eine geringere Sterblichkeit als Jungen, haben eine höhere Lebenserwartung im Alter und sind im Krankheitsfall weniger wehleidig als Männer.

Nach der Geburt ist der Säugling nur in enger Kommunikation mit der Mutter lebensfähig. Er kann sich nicht gezielt äußern, kann keine Bedürfnisse verbalisieren und sich keine Nahrung beschaffen. Er kann sich noch nicht einmal zielgerichtet bewegen. Ohne die Mutter ist er nicht lebensfähig. Daher sind seine Bedürfnisse bei der Mutter mit einem Brutpflegeinstinkt abgesichert. Beim Menschen stellt sich dieser als Mutterliebe dar. Die Mutter hat einen sehr starken Hang, das Kind zu umsorgen, zu ernähren und seine Bedürfnisse zu befriedigen. Hierzu ist ein nonverbales Verstehen und Einfühlen in das kleine Geschöpf nötig. Diese Voraussetzung bringt die Frau mit. Das erklärt ihr größeres Einfühlungsvermögen und ihr besseres situatives Erfassen von Geschehnissen und Sinnzusammenhängen. Die Erziehung der Kleinkinder oblag daher auch in allen Kulturen und zu allen Zeiten der Frau.

Die Frau beschwichtigt das Kind, wenn es schreit oder zornig ist. Das Prinzip »Aggression weckt Gegenaggression« ist durch den Muttertrieb gedämpft. Die Mutter ist geduldig. Das gilt auch für alle mütterlichen Tiere. Das erklärt das große Harmoniestreben der Frau. Sie beschwichtigt und gleicht aus. Das Aggressionspotential ist längst nicht so ausgeprägt wie beim Mann.

Primär ist das Wesen der Frau durch das Brutpflegeverhalten bestimmt. Sie zeigt deutlich weniger Aggressivität als der Mann. Sie will Frieden, wo die Männer kämpfen. Frauen demonstrieren auch in Kriegsgebieten für Frieden, aber man hört sie nicht. Die Frauen zeigen generell weniger Dominanzstreben als die Männer, denn zum Durchsetzen von Dominanzansprüchen gehört Aggressivität und Kampfbereitschaft, Eigenschaften, die bei der Frau von Natur aus schwächer angelegt sind. Auch das Bedürfnis, das Ich zu erhöhen als Potenzzuwachs, ist nicht vorhanden. Die Frau ist von Natur aus, im Sinne der Versorgung des Kindes, auf den anderen Menschen ausgerichtet. Statt zum Kampf neigt sie zum Ausgleich. Eine friedliche Umwelt bietet dem Neugeborenen eine bessere Überlebenschance.

Da die Frau einfühlsamer als der Mann ist, hat sie eine andere Erlebnisfähigkeit, die für den Mann oft unbegreiflich ist. Das Seelenleben der Frau stellt sich für viele Männer als ein Buch mit sieben Siegeln dar.

Frauen hegen und pflegen gerne und sind häuslicher, Eigenschaften, die der Brutpflege entsprechen. Diese Eigenschaften setzen sich schon bei kleinen Kindern durch. Kleine Mädchen greifen beim Spielen gern zu Puppen. Ein ähnliches Verhalten wird auch bei weiblichen Affenkindern beobachtet. Auch diese üben sich in der Babypflege. Puppenspielen ist keine Rollenzuweisung. Unter einem neutralen Spielzeugangebot werden Mädchen überwiegend immer wieder Puppen bevorzugen, während Jungen von Autos fasziniert sind. Dies zeigt, daß das Bedürfnis, Kinder zu betreuen, den Frauen einfach angeboren ist und sie früh ihre spätere Rolle üben.

**Der Mann:**

Die biologischen Voraussetzungen des Mannes müssen notwendigerweise andere sein. Er ist beim Fortpflanzungsakt der gebende Teil. Er ist ausgestattet mit einer hohen Triebdynamik, die durch die permanente Samenproduktion, etwa fünfzig Millionen Spermien täglich, und den dadurch entstehenden Druck unterhalten wird. Durch äußere Reize der Frau wird er daher schnell stimuliert. Das triebdynamische Geschehen beherrscht die Männer sehr stark, so daß sie viel über Sexualität reden und an sie denken. Der Geschlechtsakt bedeutet für sie primär eine lustvolle Befreiung, erst sekundär können Bindungen entstehen, die häufig von der Frau initiiert werden.

Der Mann kann jederzeit ein Kind zeugen. Durch die Streuung seines Samens ist die Gewähr gegeben, daß auch ein Ei getroffen wird. Hierdurch erklärt sich die Neigung des Mannes zur Promiskuität. Der Mann ist im Sexualverhalten keinem biologischen Rhythmus unterworfen, wie die Frau durch ihren Zyklus. Er ist ungebunden und frei und nur von seiner eigenen Potenz abhängig. Prahlereien auf diesem Gebiet als Machtdemonstration sind keine Seltenheit. Anmaßendes Verhalten, Wichtigtuerei, der starke Körperbau mit kräftigen Knochen und ausgeprägter Muskulatur, dazu die sonore tiefe Stimme, verleihen ihm das Gefühl der Potenz. Schautänze der Männer verschiedener Kulturen sind immer Kraftdemonstrationen nach einem im Grunde gleichen Muster: Man stampft gegen den Boden, springt hoch in die Luft und schwenkt oft auch Waffen (schuhplattlernder Tiroler, tanzender Schotte, oder Kosak).

Zuvor wurde bereits gezeigt, wie wichtig für männliche Lebewesen Rivalitätskämpfe sind, um zum Fortpflanzungserfolg zu kommen. Rivalisieren, Konkurrenzverhalten, Geltungsbedürfnis und Machtstreben sind daher bei Männern viel ausgeprägter als bei Frauen. Auch das Aggressionspotential ist weit stärker.

Sie jagen, töten und sorgen so für Nahrung, sie gehen in den Krieg und beschützen dadurch auch nach außen die Gemeinschaft. Männer neigen aus Disposition zu Kampfgemeinschaften. Frauen unterliegen durch den Muttertrieb vielmehr der Tötungshemmung. Männer zeigen Dynamik, Kraft und Lust zur Auseinandersetzung, die sie in der Arbeitswelt ausleben können. Schon Jungen in der Schule schlagen und balgen sich und stellen ihre Kräfte unter Beweis. Sie bevorzugen dynamische Spielsachen wie Autos und Eisenbahnen, wollen Lokführer werden und freuen sich, wenn es im Computer kracht und knallt. Aggressives Fahrverhalten führt bei Männern zu erhöhter Zahl von Autounfällen. Auch verüben Frauen weit weniger Straftaten als Männer. Nur jeder vierte Täter ist weiblichen Geschlechts. Bei Selbstmord erschießen und erhängen sich Männer meistens, während Frauen den sanften Tod durch Tabletteneinnahme bevorzugen. Einfühlungsvermögen ist bei Männern biologisch weit weniger vorhanden als bei Frauen, was die Kampfkraft begünstigt und bis zur Härte geht. Gefühle werden daher vorwiegend nur bei ihnen selbst registriert, nicht aber beim anderen wahrgenommen, was selbstbezogene Verhaltensweisen begünstigt.

Hier sei noch einmal das männliche Gehirn erwähnt, das diese Funktionen steuert. Es ist offenbar in Einzelbereichen spezialisierter, das bedeutet, mehr focussiert als das Gehirn der Frau. Dadurch dominiert im Denken der naturwissenschaftliche Intellekt, der von keiner Gefühlspalette gestört oder bereichert wird. Abstraktes, räumliches und theoretisches Vorstellungsvermögen ist beim Mann ausgeprägt. Dies gibt ihm eine Überlegenheit im allgemein strategischen Denken, im Visualisieren von Plänen und Schemata, im Herstellen von abstrakten Beziehungsstrukturen (z. B. Schach) und in theoretisch sachlicher Argumentation. Alles muß naturwissenschaftlich beweisbar, klar und logisch sein, andere Wahrheiten gibt es nicht. Die Naturwissenschaft wurde hierdurch zum Götzen erhoben. Das Denken der Männer kreist um Dinge, Theorien und Macht oder Sexualität. Da sie ein weniger gutes perspektivisches Wahrnehmungsvermögen haben, merken sie oft nicht, was um sie herum geschieht. Dadurch sind sie aber zielstrebiger und zielbewußter, denn sie werden durch keine Ablenkung irritiert. Durch die mangelnde Gefühlswahrnehmung sind sie auch Ich-bezogener, was ihnen jedoch selbst nicht bewußt ist. Ihr Ich-Bezug gibt ihnen aber Selbstsicherheit und Selbstbewußtsein, die durch mangelnde Detailwahrnehmungen und Introspektivität (Sicht nach innen) nicht gestört werden. Psychologische Gespräche werden daher von Männern oft hartnäckig abgewehrt, denn sie bemerken ihre mangelnde Kompetenz.

Schon im Babyalter zeigen Jungen einen Hang zu Spielzeug und Sachen, mit denen man etwas machen kann, während Mädchen mehr Blickkontakt mit Personen suchen. Sie erkunden neugierig ihre kleine Welt, beanspruchen mehr Platz, suchen weniger Körperkontakt als Mädchen und sind in ständiger Aktivität. Sie haben Interesse an den Funktionen von Dingen, nehmen alles auseinander, erforschen es, bauen es auch wieder zusammen. Später bauen sie Hütten. Sie sind aggressiver, raufen und prügeln sich, suchen Konflikte und Rivalität. Sie lieben Geschichten, in denen etwas passiert. Sie identifizieren sich dann mit dem Räuber, während sich die Mädchen mit dem Opfer identifizieren. Mathematik liegt ihnen und kommt ihren visuell räumlichen Denkfähigkeiten entgegen.

Das Interesse an Menschen ist bei Männern sekundär. Ihr Vatersein knipsen sie an und aus, wie es ihnen paßt. Vorrangig ist das Streben nach Status, Geld und Ansehen. Für den Aufstieg in der Hierarchie werden Freizeit, Gesundheit, Gefühle und das Familienleben geopfert. Macht, Status und Erfolg geben dem Mann ein zufriedenes Gefühl von Potenz. Dominanz- und Machtstreben sind typisch männliche Verhaltensweisen, auch im Tierreich. Männer zeigen Imponiergehabe in Sprache, Tonfall, Gebärde, Auftreten, bekennen sich ungern zu Fehlern, denn das könnte sie schwächen, und sie erhöhen das eigene Ich durch Herabsetzen des anderen. Erinnert sei hier an den abfälligen Begriff »Weibergeschwätz«, der die von Frauen oft diskutierten Themen wie Erziehungs- und Ernährungsfragen meint, während Männer über Sex und Geld reden.

Der Besitztrieb ist beim Mann stark ausgeprägt, denn Besitz bedeutet Stärke und Macht, auch über Frauen, da diese, wie bereits gezeigt wurde, auf Besitz als Versorgungsgarantie ansprechen. Ein schnelles Auto und ein Haus sind erstrebte Statussymbole. Berufliches Streben, um zu Macht und Besitz zu kommen, ist folglich beim Mann ausgeprägter als bei der Frau.

Generell läßt sich sagen, daß zu allen Zeiten, bei allen Völkern die Männer kräftiger, aggressiver und dominanter waren. Sie haben ein ausgeprägtes Rangstreben, neigen stark zur Selbstbehauptung, haben Spaß am unpersönlichen und freizügigen Sex, sind andererseits aber besitzergreifend und eifersüchtig. Ihr Denken ist rational betont, ihr Leben betreiben sie mit hohem Energieaufwand.

Diese generellen Unterschiede von Mann und Frau sind so stark ausgeprägt, daß sie, seit Menschen auf der Welt sind, zu finden sind. So berichtet Wolfgang Wickler, daß in dreiunddreißig Ländern auf sechs Kontinenten eine vergleichende Untersuchung über die Partnerwahl vorgenommen wurde. Dabei zeigte sich grundsätzlich, daß die Frauen die Männer nach ihren Fähigkeiten bewerten, lebenswichtige Güter zu beschaffen, während Männer die Frauen nach Merkmalen bewerten, die ihre Fortpflanzungsfähigkeit unterstreichen.[6]) Schon im Tierreich finden wir auf einfacher Stufe uns bekannte typisch männliche oder weibliche Verhaltensweisen. Es ist kaum möglich, diese zu ändern. Sie setzen sich immer wieder durch – wie auch das Kibbuzexperiment von E. Spiro Melford beweist, das im Kapitel über Dominanzstreben beschrieben wird.

## Die unterschiedliche Sprache von Männern und Frauen

Die Sprache ist das wichtigste Kommunikationsmittel der Menschen. Auch Tiere verständigen sich durch Lautäußerungen. Durch die Sprache wird Kontakt hergestellt. Dabei kommt es nicht unbedingt auf den Inhalt des Gesprochenen an. Es gibt ein oberflächliches Plaudern, welches nur dazu dient, die Brücke zum »Du« herzustellen. Gemeinsam schweigen kann man nur, wenn man sehr vertraut ist. Wenn Fremde schweigen, entstehen untergründige Spannungen, keiner öffnet sich, und verborgenes ungemütliches Mißtrauen beherrscht die Szene.

Nun hat sich die Sprache zu einem hochdifferenzierten Instrument entwickelt. Tonfall, Wortwahl, Inhalt, Sprachduktus und mitschwingende Affekte sind maßgebend für die entstehende Kommunikation, von der die Beziehung der Menschen, aber auch die Annahme oder Ablehnung von Sachinhalten abhängt. Auch indirekte

6)Wolfgang Wickler/Uta Seibt, Männlich-weiblich, S. 196

Mitteilungen, also das Unausgesprochene, das zwischen den Zeilen herausgehört werden muß, spielen in der Verständigung von Menschen eine wichtige Rolle. Wir kennen die unterschiedlichen Sprechweisen von verschiedenen Bevölkerungsgruppen. So ist es schwer, Menschen von anderen Kulturkreisen wirklich zu verstehen, auch wenn man formell ihre Sprache beherrscht, denn die indirekten Mitteilungen bestimmen wesentlich den Gehalt der Informationen.

Soziolinguisten wie Deborah Tannen haben nun herausgefunden, daß auch zwischen Männern und Frauen wesentliche Sprachunterschiede bestehen. Dies ist nicht verwunderlich, wenn man bedenkt, wie verschieden ihre genetische Ausstattung ist. Die unterschiedliche Triebdynamik bedingt andere Wertvorstellungen und Zielsetzungen im Leben. Diese führen zu Unterschieden im Verhalten, was sich in der Sprache als Ausdrucksmittel widerspiegelt. Es ist selbstverständlich notwendig, daß bei der Darstellung dieser Unterschiede auch wieder verallgemeinert werden muß, obwohl viele Überschneidungen der männlichen und weiblichen Sprachstile aufgrund der Differenziertheit der Menschen möglich sind. Wichtig ist jedoch, daß die wesentlichen Sprachunterschiede bekannt sind und uns bewußt werden, da sie uns verstehen lassen, warum wir oft aneinander vorbeireden und erfolglos unsere gegenseitigen Meinungen vertreten. So können Spannungen aufgrund von Mißverständnissen und ungerechtfertigten Schuldzuweisungen abgebaut werden und scheinbar verwunderliche Reaktionen des anderen besser eingeordnet und verstanden werden.

Wir sahen bereits, daß für das Leben der Männer in unserer Welt andere Prioritäten gelten als für Frauen. Sie denken anders als Frauen, sprechen daher auch anders, denn Sprache ist laut gewordenes Denken, und sie interpretieren Gesprochenes anders. Ihre Welt ist vorrangig geprägt vom Statusdenken. Sie grenzen in der zwischenmenschlichen Beziehung ihre Position ab. Die Welt der Frau ist vom Kommunikationsbedürfnis geprägt, sie will mitmenschliche Beziehungen. Diese Zielsetzungen werden nicht bewußt angestrebt. Sie spielen sich als angeborene Bedürfnisse unbewußt unter der Oberfläche ab, beherrschen aber den Sprachstil. Dies sei an den folgenden Beispielen demonstriert:

Ein Mann wird arbeitslos. Er wird mit Bedauern darauf angesprochen und reagiert unwirsch, abweisend und will nicht darüber reden. Hat eine Frau ihn darauf angesprochen, will sie meistens Mitgefühl, Teilnahme bekunden. Für ihn ist aber die Arbeitslosigkeit nicht nur mit einer sozial schwierigen Situation, sondern auch mit einer persönlichen Kränkung verbunden, denn sein Selbstbewußtsein definiert sich durch den Erfolg im Beruf. Er empfindet die Ansprache als zusätzliche Kränkung, weil man seinem Empfinden nach auf seine Schwächen anspielt. Sie kann seine Reaktion nicht verstehen, weil sie Anteil nehmen möchte, aber zurückgewiesen wird.

Ein anderes häufig vorkommendes Beispiel ist folgendes: Ein Mann geht einkaufen und tätigt eine größere Ausgabe, indem er zum Beispiel ein technisches Gerät mitbringt, was ihm gefällt und ihm nützlich erscheint. Seine Frau findet das überflüssig und unpraktisch und ärgert sich, daß nicht zuvor über diese Anschaffung gesprochen wurde, was ihrer Vorstellung von Kommunikation in der Ehe entspricht. Sie erwartet Abstimmung. Er empfindet es aber als demütigende Bevormundung, wenn er seine Frau vor einem Kauf fragen soll, ob sie mit diesem einverstanden ist. Beide sind über ihre gegenseitigen Reaktionen verärgert. Er wird künftig wieder kaufen, was er will, und sie wird wieder frustriert und verärgert sein. Die Mißstimmung wird sich aller Wahrscheinlichkeit nach steigern.

Deborah Tannen spricht von »Asymmetrien« in Gesprächen, die dann entstehen, wenn Aussagen als Rangfolge im Sinne eines Über- oder Unterlegenen interpretiert werden. »Symmetrisch« sind dagegen Äußerungen, die auf gleicher Ebene interpretiert werden als Ausdruck von Kommunikation und Austausch von Gefühlen unter Freunden oder Gleichgestellten. Durch Asymmetrie entsteht Wettstreit, durch Symmetrie Gemeinschaft.[7])

Dazu ein weiteres Beispiel: Sie äußert eine Bitte, er möge etwas tun, um ihr im häuslichen Bereich zu helfen. Er sagt ja, tut es aber nicht, vergißt es oder übergeht es. Sie wiederholt die Bitte. Er reagiert wieder in gleicher Weise. Sie wird gereizt, worüber er nun wieder Unmut äußert, und Spannungen entstehen. Was spielt sich hierbei ab? Er interpretiert unbewußt ihre Bitte als Anweisung. Befehle zu empfangen führt aber zu einer Herabsetzung der eigenen Position, was ihm abträglich ist und worauf er mit unbewußtem Widerstand reagiert, denn offen kann er keine Argumente entgegensetzen. Sie will nur Hilfe im Sinne des gemeinschaftlichen Tuns. Sie fühlt sich alleingelassen und ist von ihm als Partner enttäuscht.

Ähnlich kann es abends nach Feierabend sein. Die Frau fragt ihren Partner, was er tagsüber getan hat, denn spontan berichten wenige Männer von ihrer täglichen Arbeit. Die Frau bekommt auf ihre Fragen in der Regel nur sehr knappe Antworten. Einer der Gründe dafür kann sein, daß er sich ausgehorcht fühlt und das Gefühl

---

[7]) Deborah Tannen, Du kannst mich einfach nicht verstehen, S. 24 bzw. 481

hat, als müsse er Rechenschaft über sein Tun ablegen. Sie aber will nur Anteil an seinem Leben nehmen und fühlt sich in ihrem Kommunikationsbedürfnis zurückgewiesen, wodurch für sie innere Einsamkeit entsteht.

Als wesentliches Merkmal ist bei diesen Situationen immer wieder zu erkennen: Die Frau spricht die Bindungs- und Intimsprache, der Mann die Status- und Unabhängigkeitssprache.

Diese Sprachunterschiede sind bereits bei dreijährigen Kindern zu beobachten. Deborah Tannen zeigt auf, daß »Welten« zwischen dem Sprachgebrauch bei den Spielen von Jungen und Mädchen liegen.[8]) So spielen Jungen eher im Freien in großen Gruppen, die hierarchisch geordnet sind und einen Anführer haben. Anweisungen werden gegeben und durchgesetzt, wodurch der Status ausgehandelt wird. Sie stellen sich gerne in den Mittelpunkt durch Erzählen von Witzen und Geschichten, prahlen mit Können und greifen sich an, wobei es Gewinner und Verlierer gibt.

Mädchen spielen lieber in kleinen Gruppen oder zu zweit. Die beste Freundin, mit der sie alles besprechen, spielt die wichtigste Rolle. Die Spiele sind häufig von sozialem Agieren geprägt, wobei es keine Gewinner und Verlierer gibt. Mädchen, die prahlen, sind unbeliebt. Bei Mädchen gibt es auch selten Anführerinnen. Sie streben nicht danach, im Mittelpunkt zu stehen. Es ist ihnen wichtig, daß sie angenommen werden und beliebt sind. Bei Streitigkeiten suchen sie daher auch nach Kompromißvorschlägen, während Jungen sich offen angreifen und damit ihre Position abstecken.

In der Kindheit und Jugend finden sich daher beim Spielen auch eher gleichgeschlechtliche Gruppen zu-

---

[8]) Deborah Tannen, Du kannst mich einfach nicht verstehen, S. 279

sammen. Sie verstehen sich und können problemloser miteinander umgehen. Im späteren Leben jedoch tun sich Männer und Frauen zusammen und wollen gemeinsam ihr Leben gestalten. Es ist selbstverständlich, daß bei solch unterschiedlichen Voraussetzungen Probleme und Mißverständnisse in der Bewältigung des Alltags entstehen.

Dies zeigt sich auch schon an kleinen Beispielen: Stellen wir uns einmal vor, eine Frau fragt einen Mann, ob sie ihm in den Mantel helfen darf, wenn sie sieht, daß er seine Ärmel nicht findet. Er weist das Angebot in der Regel zurück, er fühlt sich kompromittiert. Was spielt sich dabei ab? Sie will helfen, er sieht sich in die Rolle des Schwächeren gedrängt, denn der Helfende hat immer die dominante Stellung, daher wehrt er ab. Umgekehrt ist das kein Problem, nicht nur, weil es gesellschaftlich akzeptiert wird, sondern weil für die Frau das Dominanzproblem nicht relevant ist und sie sich bei Hilfe sogar eher angenommen und geborgen fühlt.

Auch Unabhängigkeit gehört zum Selbstverständnis des Mannes. Wie oft erlebt man, daß Männer ungern nach einem Weg fragen, den sie suchen. Sie irren lange in der Gegend umher, bis sie schließlich auf Drängen der Frau doch einmal anhalten und fragen. Sie geben damit ihre Unabhängigkeit, den Weg allein zu finden, auf, was ihnen schwerfällt.

Viele Männer demonstrieren gern ihr Wissen oder Können und spielen sich als Helfer auf. Das unterstreicht ihren Status. Sie helfen gerne – besonders hilflosen Frauen –; ihre Hilfe ist aus Statusgründen meist öffentlich. Frauen helfen in weit größerem Umfang im Verborgenen. Männern fällt es sehr schwer, sich helfen zu lassen. Diese schwache Position können sie nur bei Krankheit ertragen.

Kritisch wird die Situation immer dann für einen Mann, wenn die Frau etwas besser weiß und kann. Viele Frauen sind diplomatisch genug und zeigen das nicht offen, denn sie streben ja die Kommunikation mit dem Mann an. Sie sprechen dann eher im Konjunktiv und sagen, das *könnte* so oder so sein. Damit treten sie nicht als Expertin auf und reduzieren den eigenen Status, um eine ausgewogene Kommunikationsebene zu schaffen.

Wird in der Sprache Status ausgehandelt, werden die eigenen Standpunkte hart verfochten. Argumente des Kontrahenten als sinnvoll und gut zu akzeptieren und sich diesen anzuschließen, wenn objektiv alles dafür spricht, fällt Männern schwer. Mangelndes Nachgeben kennzeichnet die Politik. Sowohl unter den Parteien als auch unter den Tarifpartnern geht es um Status und Macht. Nur wenn jeder glaubt, Vorteile für sich herausgeschlagen zu haben, kommt es zur Einigung. Wir sind weit davon entfernt, daß die besten Lösungen eine Chance haben, realisiert zu werden. Diese Machtgerangel ohne Handlungseffizienz sind mitverantwortlich für die Politikmüdigkeit in der Bevölkerung. Die Menschen sind die endlosen Debatten leid und wollen Taten sehen. Sie bekämen wieder Achtung vor den Politikern, wenn in wichtigen Fragen auch einmal Einigkeit erzielt würde. Die Frauen in der Politik mischen bei diesen männlichen Strategien eifrigst mit. Sie stellen nicht die positive Kraft dar, die als Ausgleich so dringend notwendig wäre. Auch wenn Frauen mitstreiten müssen, sollten sie doch die Grundzüge ihres weiblichen Wesens nicht verleugnen, sondern die männlichen Streithähne zur Vernunft bringen.

Will ein Mann sich durchsetzen, wird er häufig auch laut. Die Sprechweisen der Männer, die laut und aggressiv reden, die Anweisungen geben, werden mit

Führungsqualitäten und Autorität assoziiert. Kinder gehorchen den Vätern in der Regel eher als den Müttern.

Wie sieht es nun eigentlich mit der Gesprächshäufigkeit und der Gesprächslänge aus? Wer redet mehr, Männer oder Frauen? Jahrhundertelang sprach man von den geschwätzigen Frauen und bestrafte sie sogar. Moderne Linguisten sind dieser Frage nachgegangen und fanden interessante geschlechtstypische Gesprächsmerkmale.

In der Öffentlichkeit reden Männer eindeutig häufiger und länger als Frauen. Diskussionen im Plenum werden überwiegend von Männern geführt. Sie melden sich bei der Eröffnung einer Diskussion als erste zu Wort, und ihre Beiträge und Fragestellungen sind erheblich länger als die der Frauen. Dabei spielt es keine Rolle, wieviele Frauen anwesend sind. Ist auch nur ein Mann darunter, wird er sich getrieben fühlen, das Wort zu ergreifen. Reden bedeutet für einen Mann, sich Gehör zu verschaffen, seine eigene Meinung zu vertreten, sich abzugrenzen von anderen Meinungen, den eigenen Status zu unterstreichen. Die Kommunikationsforscher B. und G. Eakins haben durch Tonbandaufnahmen in Fachbereichssitzungen festgestellt, daß die Wortbeiträge der Männer 10,66–17,07 Sekunden dauerten, die der Frauen aber nur 3–10 Sekunden. Die Männer reden gerne lange, greifen an, widersprechen und versuchen sich damit zu profilieren. Auch in Gesellschaft reden oft die Männer, die zu Hause schweigsam sind, sehr viel. Es macht ihnen Freude, sich durch glänzende Wortbeiträge darzustellen, besonders wenn sie gute Witze erzählen können und alle zum Lachen bringen.

Die Frauen dagegen unterhalten sich viel lieber in kleinen Gruppen. Sie sprechen gerne privat, die Männer gerne öffentlich. Beim privaten Sprechen werden Beziehungen geknüpft, Gedanken und Gefühle ausgetauscht. Deborah Tannen spricht daher auch von der »Beziehungssprache« der Frauen und der »Berichtssprache« der Männer. Die Frauen suchen dabei die Verbindung zum anderen Menschen, die Männer bevorzugen die Selbstdarstellung, die ihren Status festigt und unterstreicht.

Im häuslichen privaten Bereich hat das dann die Konsequenz, daß die Frau gerne reden möchte, denn sie sucht die Beziehung zu ihm, der Mann sich aber ausschweigt, denn vom sprachlichen Statusgerangel des Tages will er sich erholen. Er kommt »müde« nach Hause und möchte seine Ruhe haben und fernsehen, sie kommt »müde« nach Hause und möchte trotzdem alles mitteilen, was sie erlebt hat. Beharren beide auf ihren Neigungen, führt das zu Spannungen, denn sie ist frustriert von dem schweigsamen Mann, und ihm geht die geschwätzige Frau auf die Nerven. »Mein Mann redet nicht mit mir, er hört mir nicht zu« sind häufige Klagen der Frauen. In Gesellschaft dagegen kann er unterhaltsam sein.

Ein weiterer Aspekt ist der Inhalt der Gespräche. Männer finden einfach andere Dinge wichtig als Frauen. Er hat nach Deborah Tannen eine »Berichtssprache«, sie eine »Beziehungssprache«.[9]) Damit ist folgendes gemeint: Die »Berichtssprache« ist auch die öffentliche Sprache. Wissen und Fähigkeiten werden dargestellt, und Sachinhalte werden vermittelt. Gespräche sollten daher für ihn sinnvoll und interessant sein, auch im häuslichen Bereich. Sie dagegen will durch Gespräche die persönliche Beziehung unterhalten. Die sachlichen Inhalte sind dabei nicht so wichtig wie persönliche

[9]) Deborah Tannen, Du kannst mich einfach nicht verstehen, S. 78 ff.

Details, Gefühle und Teilnahme am Leben des anderen. Über Probleme wird gesprochen, ohne daß dabei nach Lösungen gesucht wird. Gespräche bedeuten Nähe und Kommunikation. Sie läßt ihre Gedanken laut werden und sprudelt alles heraus, was ihr in den Sinn kommt, denn das Gespräch bedeutet für sie Kontaktpflege. Er dagegen hält seine Gedanken für nicht erwähnenswert. Warum sollte er ihnen eine solche Bedeutung beimessen und sie aussprechen? Folglich ist er zu Hause schweigsamer, was sie als Abkapselung und Rückzug deutet. Er ist auf den Inhalt fixiert und sie auf die Sprache als Kommunikationselement. Das führt dazu, daß zwischen Mann und Frau die gegenseitigen Bedürfnisse nicht abgedeckt werden.

Die Männer entspannen sich zu Hause beim Schweigen. Endlich müssen sie einmal nicht reden, um sich zu beweisen. Die Frau dagegen fühlt sich zu Hause geborgen, hier kann sie sich im Zwiegespräch entfalten, hier sind die Menschen, mit denen sie den engsten Kontakt hat. Bei vertrauten Menschen entfalten sich Frauen im Gespräch am liebsten. Beim Mann ist es umgekehrt, er wird redselig, wenn fremde Leute dabei sind. Dann erwacht sehr schnell sein Statusdenken, und er möchte die Aufmerksamkeit auf sich lenken. Derjenige, der erzählt, ist immer in der besseren Position als derjenige, der zuhört. Es besteht hierbei eine Asymmetrie.

Frauen erzählen ihren Freundinnen gerne intime Dinge, Geheimnisse, Sorgen, Nöte. An der Vertrautheit der Information wird der Grad der Freundschaft gemessen. Sie erwarten Diskretion. Frauen reden aber auch über andere Menschen, woraus der Klatsch entsteht. Dabei ist das feine Abwägen dessen, was erzählt wird, für das Ansehen und die Beliebtheit der Erzählenden wichtig. Gibt sie zu viele diskrete Dinge weiter, wird ihr

Ansehen leiden, und niemand mag mit ihr eng befreundet sein, denn dazu gehört Vertrauenswürdigkeit. Frauen halten enge Freundinnen über kleine und große wichtige Erlebnisse des Lebens auf dem laufenden. Dabei sind sie sich der Gefahr bewußt, daß das Zugeben von Schwächen mißbraucht werden kann. Die enge Beziehung ist ihnen jedoch wichtiger als diese Gefahr.

Bei Männern ist dies umgekehrt. Sie tauschen sich lange mit Freunden über Geld, Beruf und Politik aus, aber selbst in engen guten Männerfreundschaften werden selten persönliche Probleme erörtert, es sei denn, es handelt sich um Sachprobleme. Zugeben von persönlichen Schwierigkeiten bedeutet Schwäche. Diese einem anderen Mann gegenüber zu äußern, verletzt sein Unabhängigkeitsbedürfnis und sein Statusempfinden. Er wird seelische Probleme eher mit einer Frau besprechen.

Äußerst bedacht sind Männer, daß persönliche familiäre Probleme von der Frau oder den Kindern nicht nach außen getragen werden. Das könnte ihr Ansehen schwächen, worauf Männer empfindlichst reagieren. Sie sprechen von Loyalität und Vertrauensbruch, während für Frauen die Anteilnahme von Freunden wichtiger ist.

Meistens tun sich Männer auch sehr schwer, seelische Inhalte oder Gefühle in Worte zu fassen. Beim Gespräch über die großen Probleme der Welt können sie sich gut entfalten, in der persönlichen Sprache und Gefühlssprache werden sie wortkarg und hilflos. Männer können lange und ergiebig sachliche Inhalte besprechen, ohne auf persönliche Probleme zu kommen. Bei Frauen vermischt sich das sehr leicht. Selbst im Geschäftsbereich werden sachliche mit persönlichen Inhalten durchzogen, was für Frauen aber die Herstellung von Intimität bedeutet, die sie zur Kontaktpflege und zu ihrem Wohlbefinden brauchen.

Auch dozieren Männer sehr gerne. Sie halten lange Monologe, selbst im Zwiegespräch. Fakten werden ausführlichst erklärt und dargestellt. Frauen hören oft geduldig zu. Der Mann fühlt sich als der Belehrende, der im Status höher steht als der Zuhörende. Dieser wird in die Rolle des Schülers gedrängt.

Frauen suchen die Harmonie, nicht die Konfrontation, daher lassen sie die Männer oft reden. Diese fühlen sich wichtig und in ihrer Bedeutung bestätigt, weil sie nicht unterbrochen werden.

Wenn Männer untereinander diskutieren, geht es härter zu. Sie unterbrechen sich und greifen sich an, fallen dem anderen ins Wort und stören ihn in seiner Selbstentfaltung. Sie bezweifeln seine Aussagen, widersprechen, versuchen auch das Thema zu wechseln, um auf Sachverhalte zu kommen, von denen sie mehr verstehen. Sie versuchen damit, den Gesprächsinhalt zu bestimmen, ihr eigenes Wissen einzubringen und darzustellen.

Eine Frau erwartet im Gespräch Interesse, Unterstützung und Aufmerksamkeit, was durch das Wort »ja« beim Zuhörer belegt werden kann. Männer sagen nur »ja«, wenn sie Fakten bestätigen, andernfalls sitzt der Mann still da, was die Frau als mangelndes Interesse auffaßt. Frauen erwarten, daß man sie zum Weiterreden ermuntert, eine Haltung, die Männern fremd ist.

Männer legen in der Regel für ihre Handlungsweise keine Rechenschaft ab. Aufgrund ihres Unabhängigkeitsbedürfnisses entscheiden sie frei und erwarten, daß der andere, zum Beispiel seine Frau, ihre Entscheidung akzeptiert. Eine Frau neigt dazu, sich zu rechtfertigen, wenn sie das Gefühl hat, sie könnte mit ihrer Handlungsweise den anderen eingeschränkt haben. Der Mann muß das als Schwäche empfinden. Er würde sagen, was ihm nicht paßt, und danach könnten sie diskutieren.

Frauen regeln Meinungsverschiedenheiten sanfter, ohne direkte Konfrontation. Sie wünschen nicht, daß durch Meinungsverschiedenheiten die Bindung bedroht wird. Sie fühlen sich durch Angriffe persönlich getroffen. Männer streiten offen und hart. Dieser Streit hat für sie Wettkampfcharakter, die Positionen werden abgesteckt, danach gehen sie wieder zur Tagesordnung über.

Streitgespräche bedeuten für Männer in Interaktion zu treten, das heißt, die Streitgespräche fördern den Kontakt unter Männern. Streitgespräche bei Frauen dagegen führen leicht zum Rückzug bis zur Feindschaft und hemmen die Kommunikation. Sie sind sich nach einem solchen Gespräch böse, weil sie den Streit persönlich nehmen und nicht sachlich.

Zanken sich Männer und Frauen, gehen sie folglich von verschiedenen Voraussetzungen beim Streiten aus und sind über die Reaktionen des anderen überrascht. Die Frau fühlt sich verletzt, weil sie die Härte des Mannes persönlich getroffen hat, der Mann ist überrascht und hilflos, weil die Reaktion der Frau ihm fremd ist und er sie nicht versteht.

Bei allem Hang der Frauen nach Übereinstimmung mit den Gesprächspartnern treten sie natürlich auch in Konkurrenz zueinander. Sie wenden dann aber eher die sanfte Art der versteckten Aggression an. Sie wiederholen zum Beispiel negative Äußerungen, die ein Dritter über den Gesprächspartner gesagt haben soll, unter dem scheinbar positiven Aspekt »du sollst das wissen«. Aggressionen bestehen auch darin, den anderen zu versetzen, im Gespräch mit mehreren die Zuwendung durch bestätigende Bemerkungen zu versagen oder Spekulationen anzustellen, welch negativen Eindruck das Gegenüber bei einem Dritten gemacht haben könnte, das heißt, die eigene negative Beurteilung auf einen anderen zu projizieren.

Die unterschiedlichen Sprachgewohnheiten von Männern und Frauen sind, wie wir sehen, Ausdruck der zugrunde liegenden psychologischen Konstellationen. Diese sind genetisch fixiert und treten bereits in frühester Kindheit auf, sobald Sprachäußerungen entstehen.

Das Wissen um die Andersartigkeit des Partners führt zum besseren Verständnis in der zwischenmenschlichen Beziehung. Beide können voneinander auch einiges lernen und annehmen. Es ist jedoch sehr schwer, den Sprachstil zu ändern, weil die Bedürfnisspannung, die in der Sprache zum Ausdruck kommt, angeboren ist. Frauen brauchen im Berufsleben einige männliche Strategien, und von Männern wird im häuslichen Bereich die Beziehungssprache gefordert. Mit Wissen, Toleranz und Offenheit kann in begrenztem Rahmen eine solche Modifikation bei beiden Geschlechtern stattfinden. Der positive Aspekt für beide ist eine Erweiterung ihrer Denk- und Handlungsmöglichkeiten.

## Die Rolle der Frau in den verschiedenen Kulturen

Die Ehen und andere sozial anerkannte Regeln der geschlechtlichen Beziehung sind in den verschiedenen Kulturen nicht identisch geordnet. Die Gestaltung des sozialen Zusammenlebens hat sich jeweils nach Utilitätsprinzipien (Nützlichkeit) entwickelt. Dabei spielten die Bedürfnisse des Individuums keine wesentliche Rolle. Was der Gemeinschaft nützte, war maßgebend, denn nur in der Gemeinschaft war ein Überleben möglich.

Die Frau war in allen Kulturen mit der Versorgung der Kleinkinder betraut. Sie war damit an das Haus gebunden. Die Politik wurde in der überwiegenden Zahl der Kulturen von den Männern gemacht. Ihre körperliche Stärke, ihr Aggressionspotential und ihr Dominanzstreben ließen sie selbstverständlich die Führung übernehmen, die sie häufig zu ihrem eigenen Vorteil ausnutzten. Wir kennen die schwer arbeitenden Frauen in Afrika, die Wasser schleppen, ein Kind auf dem Rücken tragen und vielleicht noch schwanger sind, während die Männer sich ausruhen. Das Prinzip Eigennutz herrscht bei allen außermenschlichen Lebewesen durchgängig vor und wird nur durch den Muttertrieb unterbunden. Auch beim Menschen mit seinen hohen ethischen Grundsätzen schlägt dieses biologische Prinzip immer wieder durch.

Wir nehmen an, daß ganz am Anfang der Menschheitsentwicklung, als die weiblichen Gottheiten entstanden, die Frau eine bedeutende soziale Stellung hatte. Im alten Ägypten hatte die Frau noch ein hohes Ansehen. Königin und Königinmutter spielten eine bedeutende Rolle. Es gab Göttinnen und Priesterinnen. Die Frau war dem Mann rechtlich fast gleichgestellt. Eine erotische Kultivierung der Sexualität wurde zur Blüte gebracht.

Wie bereits aufgezeigt wurde, änderte sich das jedoch. Schon als die Menschen seßhafter wurden und Ackerbau und Viehzucht trieben, stieg die Bedeutung der Männer. Sie übernahmen bald die politische und territoriale Verantwortung für die Gemeinschaft, auch wenn weiterhin weibliche Gottheiten verehrt wurden.

Im alten Griechenland und in Rom ging es den Frauen noch relativ gut. Sie konnten verbindliche rechtliche Verfügungen treffen, zum Beispiel eine Ehe schließen und lösen, konnten einige Berufe ausüben und hatten auch teilweise politischen Einfluß. Schon Platon argumentierte für die absolute Gleichberechtigung der Geschlechter.

Immer mehr gestalteten die Männer ihre Dominanz

jedoch zum eigenen Vorteil aus und unterdrückten die Frauen zunehmend. Es scheint nun so, daß in den meisten Kulturen die graduelle Stellung der Frau in der Gemeinschaft überwiegend davon abhängig war, wieviel sie zusätzlich zur Nahrungsbeschaffung beitrug. Diese materiellen Einkünfte wurden offenbar schon immer höher bewertet als die sozialen Aufgaben. Auch wenn Göttinnen verehrt wurden, zum Beispiel als Fruchtbarkeits- und Muttergottheiten, war schließlich die soziale Stellung der Frau nicht besser als in anderen Kulturen, die wir zurückverfolgen können.

So hatten bei Jäger- und Sammlervölkern, bei denen die Männer auf die Jagd gingen und die Frauen die Früchte und Pflanzen sammelten, wie zum Beispiel bei den Pygmäen in Afrika und bei den Semang in Mallaka, Männer und Frauen gleiches Ansehen. Dagegen hatten bei den Eskimos und bei den Aranda und Loritja von Australien, die Jagdvölker waren, die Männer eine eindeutige Vormachtstellung, denn an der Jagd konnte sich die Frau nicht beteiligen.

Bei den Eskimos war die Stellung der Frau niedrig. Die Arbeit des Mannes, das Jagen, wurde hoch bewertet. Die Frau holte seine Jagdbeute aus dem Kajak, verarbeitete das Fleisch und die Felle und sorgte für die Kinder und den Haushalt. Der Mann verfügte so weit über sie, daß er sie zum Beispiel dem Freund ausleihen konnte.

Die Pygmäen dagegen sahen die Frau als gleichrangig an. Sie war Hüterin und Haupternährerin. Sie teilte das Essen zu. Die Männer gingen auf die Jagd. Gute Jäger waren begehrt und hatten oft zwei Frauen.

Handel zwischen den Familien bei der Eheschließung war in vielen Kulturen üblich, denn jeder Mensch war eine Wirtschaftskraft. Wurde ein Familienmitglied an eine andere Familie durch Heirat abgegeben, erfolgte ein wirtschaftlicher Ausgleich. Ob für den Mann oder für die Frau gezahlt wurde, hing davon ab, wer in welche Familie ging. In 15 % aller Kulturen siedelt sich das Paar in der Nähe der Verwandten der Frau an, in 70 % aller Kulturen in der Nähe der Verwandten des Mannes. Überwiegend werden Frauen gegen einen Brautpreis gekauft. Laut Wolfgang Wickler findet man einen Brautpreis in 23,7 % aller monogamen und in 68 % aller polygamen Kulturen. Je reicher ein Mann war, um so mehr Frauen konnte er sich kaufen. Nur in 2,6 % aller Kulturen trifft man auf eine materielle oder Ausbildungsmitgift der Töchter. So auch in Indien. Dort müssen sich Familien oft erheblich verschulden, um ihren Töchtern eine hohe Mitgift zu geben, möglichst für eine höhere Kaste. Das führte zu einer aktiven Kindstötung (Infantizid) von weiblichen Säuglingen. Da man heute das Geschlecht schon im Mutterleib erkennen kann, werden weibliche Säuglinge bevorzugt abgetrieben. 1988 waren nach Wolfgang Wickler unter 8000 in indischen Kliniken induzierten Aborten 7997 weibliche Foeten.[10]) Auch gezielte Vernachlässigung in den ersten Lebensjahren führt zur Reduktion von unerwünschten weiblichen Kindern. Der *World Fertility Survey 1983* zeigt eine drastisch höhere Sterblichkeit von Mädchen in den ersten fünf Lebensjahren für Bangladesh, Haiti, Kolumbien, Pakistan, Thailand, Türkei und einige weitere Länder auf, obwohl üblicherweise die Jungensterblichkeit in diesem Alter höher ist. Bei den Erbregeln für Geld, Güter und Privilegien wird von 165 untersuchten Kulturen in 144 Fällen die männliche, nur in 21 Fällen die weibliche Linie begünstigt. Weibliche Privilegien werden in keiner Kultur vererbt.

---

[10]) Wolfgang Wickler/Uta Streit, Männlich – Weiblich, S. 171

Nachkommentötung ist im Tierreich aus verschiedenen Gründen weit verbreitet. Auch beim Menschen ist aktive Kindstötung zur Stabilisierung der Bevölkerungszahl oder zur Eliminierung von schwachen und kranken Kindern aus über der Hälfte von 57 genau untersuchten Sozietäten bekannt (Wolfgang Wickler). Besonders effektiv zur Bevölkerungsregulierung ist das Töten weiblicher Säuglinge, wie es in China, Nord-Indien, bei den Eskimos, den brasilianischen Indianern und australischen Ureinwohnern geschah. Auch im christlichen Europa war Infantizid um 1800 verbreitet. Damit dies nicht als Mord geahndet werden konnte, erklärte man durch die Definition, daß das Kind kein eigenständiges Lebewesen sei, solange es nicht vom Kreislauf der Mutter getrennt war. Man durfte ihm die Kehle durchschneiden oder den Kopf zertrümmern, seine Füße mußten nur noch im Mutterleib stecken. Irenäus Eibl-Eibesfeld zeigte jedoch auch, wie sehr die Mütter unter dieser Kindstötung litten, die von der jeweiligen Gesellschaft verordnet wurde.

Polygame Kulturen sind relativ selten. Auch wenn sie den männlichen Wünschen entgegenkommen, werden sie doch aus sozialer Indikation praktiziert. Viele Kinder bedeuten viele Arbeitskräfte und damit wirtschaftliche Sicherheit. Allerdings sprechen viele ineinander verzahnte Faktoren gegen die Polygamie, so die Sippenorganisation, das Erbrecht und vielfältige kulturelle Einflüsse.

Bei Bodenbauern, zum Beispiel den Balsa in Nordghana, hatte der Gehöftherr eine gewisse dominierende Stellung und oft auch mehrere Frauen. Die Frau war jedoch sehr angesehen. Es gab eine geschlechtliche Arbeitsteilung, in der alles vorgeschrieben war, was

Männer und Frauen zu tun hatten. Die Mutter bildete mit den Kindern eine enge wirtschaftliche Gemeinschaft im Gehöftteil der Mutter. Die Kinder wurden in die Arbeit mit einbezogen. Die Frau war zwar unmündig, hatte aber eigene Einkünfte als Händlerin auf dem Markt und war daher doch recht unabhängig. Die älteste Frau auf dem Gehöft hatte ein sehr hohes Ansehen, auch die Mütter wurden geachtet. Sie waren nicht so stark auf den Mann fixiert wie wir, lebten aber auch in der Sippe, die Sicherheit gab. Da sie ganz Frau sein wollten, führten sie die Beschneidung der Klitoris als männliches Residuum durch.

Totale Promiskuität gibt es nirgends. Bei den »Kommunen« genannten Wohngemeinschaften der 60er Jahre herrschte zunächst im Zuge der Befreiung der Sexualität von den gesellschaftlichen Zwängen die Polygamie vor. Es wurde jedoch sehr schnell ein Hang zur Monogamie festgestellt. Es übernahm ein Mann eine Art Schirmherrschaft über eine Frau. Bob Fitch, ein amerikanischer Soziologe und Prediger, besuchte mit seiner Frau in zwei Jahren viele Kommunen Kaliforniens, wo er diese Beobachtungen machte.

Promiskuität ist offenbar immer nur ein Zustand jugendlichen Suchens. So ist für die Polynesier auf der Südseeinsel Mangaia die ausgelebte Sexualität mit vielen Partnern im jugendlichen Alter das Normale. Sie erlernen ausgiebig die verschiedensten sexuellen Techniken, und man erwartet, daß sowohl Frauen als auch Männer zu befriedigenden Orgasmen kommen. Erfüllte Sexualität ist dort die Voraussetzung für eine Ehe. Interessant ist dabei die Jugendsterilität der Mädchen, die erst mit 18 – 24 Jahren Mutter werden, 15 % bleiben kinderlos. Häufig wechselnde Geschlechtspartner gelten als Garantie gegen eine Schwangerschaft. Bei Tieren hat man übrigens ähnliche Beobachtungen gemacht. (Siehe im ersten Teil, Sexualität der Tiere, Mäusetest). Erst der regelmäßige Verkehr mit einem Partner führt zur Befruchtung.

Polyandrie, das heißt, daß eine Frau mit mehreren Männern lebt, ist äußerst selten. Die Frau lebt dann aber auch nur mit einem Mann und seinen Brüdern, sie wird folglich in eine Familie verheiratet. Das ist die äußerste Form einer ökologischen Anpassung, wenn ein Volk nur sehr wenig Lebensraum hat und eine Ausbreitung nicht möglich ist. Bis in jüngster Zeit war diese Eheform in Ladakh, in Nordindien üblich. Es wurde bereits zuvor darauf hingewiesen. Die Menschen leben dort in engen Bergtälern in 3500 – 4000 m Höhe, wo nur sehr wenig fruchtbares Land zur Verfügung steht. Für die Kinder aus diesen Ehen gibt es den großen Vater, das ist der Älteste der Brüder, und die kleinen Väter, das sind die jüngeren Brüder. Das Sexualleben in diesen Ehen ist geregelt. Eifersucht gibt es nicht.

Vielfältige Symbole der männlichen Stärke beherrschen Kulttänze und Initiationsriten. So sind die Eingeborenen Neuguineas für ihren phantasievollen Körperschmuck bekannt. Eine besondere Rolle spielen dabei die Nasenstäbe. Das Septum, die Nasenflügel, aber auch der Nasenknochen werden als rituelle Handlung während der Initiation durchstoßen. Die Öffnung wird dann mit Pflöcken verschiedenster Art, zum Beispiel mit Holzkorallen, Muscheln, Knochen, dekoriert und soll seinem Träger die Gesundheit und Kraft eines wilden Ebers verleihen. Bei den Kulttänzen der Maoris in Neuseeland werden von den Männern wilde Fratzen geschnitten, und die Zunge wird herausgestreckt als Aggressionssymbol, um die Feinde einzuschüchtern. Wie schon erwähnt wurde, sind auch die Schautänze der Männer verschiedener Kulturen heute, wie Schuhplattler, Schotten- oder Kosakentanz Kraftdemonstrationen: auf den Boden stampfen, in die Luft springen, Waffen schwingen und so weiter.

Die verschiedenen Religionsgemeinschaften haben die niedere Stellung der Frau sanktioniert. Buddha sprach den Frauen die Erlangung der Buddhaschaft ab und gestand ihnen lediglich die Möglichkeit einer erlösungsgünstigen Wiedergeburt zu. Mohammed stufte die Frauen niedriger als die Männer ein. Sie müssen verschleiert gehen und dem Mann absolut gehorchen.

Judentum und Christentum sind Patriarchate. Eva soll schuld sein an der Sünde der Welt. Was litten die Frauen im Mittelalter als Hexen und Sünderinnen! 9 Millionen Frauen wurden in Ketzer- und Hexenprozessen vernichtet. Im Alten Testament steht im 1. Korinther 11(7-9): »Der Mann aber soll das Haupt nicht bedecken, denn er ist Gottes Bild und Abglanz; die Frau aber ist des Mannes Abglanz und ist vom Manne. Und der Mann ist nicht geschaffen um des Weibes willen, sondern das Weib um des Mannes willen.« Eva wurde aus der Rippe von Adam geschaffen als Beigabe für ihn.

Jesus jedoch wertete die Frauen auf. Der Ehebrecherin verzeihte er, die Tochter des Jairus erweckte er vom Tode, womit er die jüdischen Reinheitsgebote brach, Frauen waren die ersten Zeugen der Auferstehung. Leider hat sich die Aufwertung der Frau, die Jesus vorgenommen hat, in der Kirche bis heute nicht durchgesetzt.

In der heutigen Zeit ist in den meisten Kulturkreisen die Stellung der Frau schlecht. Sie hat wenige Rechte, muß viel arbeiten und den Männern dienen, die sich als Herren der Schöpfung fühlen. Das gilt auch für die moderne zivilisierte Welt, in der die Frauen um Anerkennung ringen. Wahlrecht bedeutet noch nicht, daß die Frauen gleichberechtigt am gesellschaftlichen Leben teilnehmen können.

Im Sozialismus hatte die Frau berufstätig zu sein. Sie mußte in der Regel schwere, schlecht bezahlte Arbeit machen und hatte dabei noch den Haushalt, die Kinder und den Mann zu versorgen, der nicht daran dachte, sich an der Hausarbeit zu beteiligen.

In Japan beginnt die moderne Frau mühsam, sich eine gesellschaftliche Stellung zu erobern. Mit der Heirat verschwand sie in der Regel im Haushalt und war für den Hausstand und die Kindererziehung zuständig. Das gesellschaftliche Leben spielte sich nur unter den Männern ab, die sich außer Haus vergnügten, obwohl die Frauen in der Regel eine gute Ausbildung hatten und vor der Ehe beruflich eingegliedert waren.

Bei den strengen Moslems ist die Frau dem Mann weiterhin unterworfen. Sie darf in der Gesellschaft noch nicht einmal ihr Gesicht zeigen, sondern muß verschleiert gehen. Sie ist zuständig für Haushalt und Kinderbetreuung. Der Mann dominiert, sie hat zu gehorchen.

Auch in den fortschrittlichen Ländern Westeuropas und Amerikas ist die Frau von der Gleichberechtigung noch weit entfernt. Viele *Männer lassen lieben*, wie dies in dem Buch von Wilfried Wieck treffend beschrieben wird. Die meisten Männer haben noch nicht die Reife, ihr demokratisches Denken auf die Frauen zu übertragen.

Man muß sich natürlich fragen, warum sich die Frauen seit Menschengedenken unterdrücken ließen, und zwar in fast allen Kulturen. Werfen wir einen Blick zurück in die Tierwelt, finden wir die Anwort: Sie fügten sich dem Stärkeren. Sie sind biologisch für Rangkämpfe nicht ausgestattet, ihr Interesse liegt mehr bei der Versorgung des Nachwuchses, im Behüten und Pflegen.

## Natur und Geist

Der Mensch hat in der Natur eine einzigartige Stellung: Er ist in ihr fest verankert durch ebenfalls in ihm wirksam werdende biologische Naturgesetze. Andererseits hat ihm die Entwicklung seines Geistes bis hin zum abstrahierenden Denken die Möglichkeit gegeben, sich über die Natur zu erheben, sie zu manipulieren und zu steuern und sich selbst zu bestimmen. Es ist damit das Leib-Seele-Problem angesprochen, das viele Philosophen beschäftigt hat.

So schrieb Platon schon in seiner Politeia, »..., daß ... eine heftige, wilde und gesetzlose Art von Begierden in einem jeden wohnt, ... wenn auch einige von uns noch so gemäßigt erscheinen; und dieses nun eben wird in den Träumen offenbar, wenn das Tierische und Wilde ... sich bäumt und losbricht, um seiner Sitte zu frönen ... wie es dann von aller Scham und Vernunft gelöst und entblößt, zu allem fähig ist ...«[11]), womit die animistische Natur des Menschen gemeint ist.

Es ist verständlich, daß hier auf die vielen philosophischen Betrachtungen des Leib-Seele-Problems nicht eingegangen werden kann.

---

11) Platon, Politeia, S. 269 f., Zit. nach: Ellen Langer, Aktives Denken, S. 37

In jüngster Zeit haben sich der Hirnforscher John Eccles und der Philosoph Karl Popper interessante Gedanken über das Zusammenwirken von Geist und Gehirn gemacht (Das Ich und sein Gehirn). Karl Popper schreibt: »Wir wissen, daß Geist und Körper in Wechselwirkung stehen, wir wissen aber nicht, wie.«[12]) Wir treten hierbei in die faszinierende Welt der Gehirnaktivitäten ein. Handlungsprogramme, die phylogenetisch gespeichert sind und daher nicht als bewußte Erfahrungen durch unsere Erinnerung abrufbar sind, treten in Aktion mit dem »selbstbewußten Geist«[13]), wie Eccles ihn bezeichnet. Durch den Lebensplan übernimmt der Geist, das Bewußtsein, das bewußte Ich die Führung. Dieser »selbstbewußte Geist« hat verstehende, bewertende und ordnende Funktionen. Auf ihn strömt eine große Fülle von Inputs ein, das sind die verschiedensten Sinneseindrücke, die die Bereiche Sehen, Hören, Riechen, Schmecken, Berühren, Schmerzempfinden etc. betreffen, aber auch die »inneren Sinne« wie John Eccles sie nennt. Sie repräsentieren die Vielfalt der kognitiven Erfahrungen wie »Gedanken, Erinnerungen, Absichten, Vorstellungen, Emotionen, Gefühle und Träume.« Das Ich oder das Selbst ist dann die Basis der personalen Identität und Kontinuität, die jeder von uns durch das gesamte Leben erfährt. Wir interpretieren, modifizieren, verwerfen und korrelieren. So kommt das Ich zur Integration, das heißt zur Vereinheitlichung und Zusammenfassung der verschiedenen Gehirntätigkeiten. Der aktive Geist kann laut John Eccles Veränderungen in den Gehirnmodulen (Gruppen von Nervenzellen) bewirken. Er kann durch den Willen modifizieren und

---

12) Karl Popper/John Ecctes, Das Ich und sein Gehirn, S. 194
13) ebenda, S. 436

eingreifen. Hierdurch hat der Mensch eine große Freiheit erlangt. Die Freiheit bezieht sich auf das Denken und Wollen, nicht aber auf das Fühlen.

So kann sich beispielsweise der »selbstbewußte Geist« über traditionelle Verhaltensweisen hinwegsetzen, wenn er nach kritischer Prüfung befindet, daß diese seinen Wertvorstellungen nicht entsprechen. Nehmen wir das Beispiel: In einer Verbindung von Mann und Frau sollte der Mann körperlich größer sein. Bei kritischer Prüfung unter dem Aspekt der Gleichheit könnte man fragen, warum eigentlich? Der Mann soll nicht mehr darstellen als die Frau, das Äußere ist nicht wichtig, er könnte auch körperlich kleiner sein. Dies entspricht unserer heutigen Wertvorstellung. Trotzdem hält sich sehr hartnäckig die Gewohnheit, daß der Mann körperlich größer ist als seine Partnerin. Dies liegt daran, daß sich ein Gefühl des Unwohlseins meldet, wenn diese Faktoren umgekehrt sind, und zwar bei beiden Partnern. Man könnte jetzt sagen, daß die gesellschaftliche Kritik gefürchtet wird, aber auf einer einsamen Insel bleibt das Gefühl des Unbehagens das gleiche. Für eine gewisse Zeit können Kompensationen wirksam werden, zum Beispiel, wenn der Mann andere Schutz und Geborgenheit signalisierende Vorteile hat wie Können, Intelligenz, Reichtum, Ansehen. Sind diese kompensatorischen Elemente nicht vorhanden, ist die Verbindung zum Scheitern verurteilt. Aus Kleinigkeiten entstehen Streit und Disharmonien, weil sich Gefühle des Unbehagens und Widerstands durchsetzen. So sind wir in unserer geistigen Freiheit doch immer wieder eingeschränkt.

Diese Freiheit des Menschen ist auch sehr gefährlich. Je weiter er sich von der Natur entfernt, desto riskanter lebt er. Er kann sich bis zur Selbstzerstörung emanzipieren und die Art Mensch ausrotten. Andererseits hat die Natur vorgesorgt. Der geistigen Freiheit sind Grenzen gesetzt, denn eine große Fülle angeborener Reaktionsweisen drängt nach Verwirklichung und sichert die biologische und soziale Grundexistenz des Menschen ab. Das ist unsere animalische Natur. Vitus B. Dröscher sagt, Gefühle seien die sicheren Boten für das Nahen oder Vorhandensein instinktgebundener Reaktionen. Menschen und Tiere besäßen so viele Instinkte und Variationen davon, wie sie Gefühlsqualitäten in sich verspürten. Der Mensch täte nichts, wenn er sich nicht dazu getrieben fühlte. Alles, was er tue, fände seinen Antrieb in den Trieben. Hierzu gehörten vor allem die großen Bereiche Existenzsicherung, Prestige, soziale Bindung, Sexualleben, Aggression oder Angst.[14]) Der Trieb ist gekoppelt an ein drängendes Gefühl, das ein Bedürfnis anzeigt, nach dessen Befriedigung eine Erfüllung eintritt. Diese Triebe werden häufig nachträglich rationalisiert, das bedeutet, man findet für sie eine vernünftige Erklärung, die angeblich der Handlungsfreiheit des geistbetonten Menschen entspricht. Aber Affekte und Gefühle entstehen und werden nicht durch die Person willkürlich hervorgerufen.

Werden diese fest verankerten Verhaltensschemata übergangen und nicht beachtet, kommt es zu Fehlentwicklungen, die später korrigiert werden müssen, da es den Menschen immer wieder zu den angeborenen Reaktionsmustern drängt.

Damit unser Triebverhalten nicht ungezügelt und enthemmt ist, wird es in kulturelle Kontrollmuster eingebunden und damit beherrscht. Triebe sind modifizierbar

---

[14]) Vitus B. Dröscher, Sie töten und sie lieben sich, S. 125

und unterliegen durchaus erzieherischen Einflüssen. Einfach übergehen kann man sie nicht. Sie werden sich in Bedürfnisspannungen äußern und damit nach Verwirklichung drängen. Die Kultur ist Menschenwerk. Sie schafft geistige Ordnung, entwirft Leitbilder, Wertvorstellungen, ordnet das soziale Zusammenleben und findet ihre höchste Ausprägung in Religion, Philosophie und Kunst. In ihr verwirklicht sich der Mensch als Geistwesen. Jedoch auch die Kultur hat ihre Wurzeln in unbewußten Strebungen des Menschen, die ihn hinleiten zu dem, was sinnvoll und gut ist. Ist das Staatswesen beispielsweise eine Kulturform? Nicht unbedingt, denn die Grundzüge unseres sozialen Zusammenlebens finden wir bereits im Tierreich. Dort gibt es Familien und Familienverbände, aber auch Staaten wie den Bienen- und Ameisenstaat. Sie funktionieren alleine triebgebunden.

Die Evolution des menschlichen Geistes begann schon vor etwa 100000 Jahren, vor 10000 – 12000 Jahren trat dann der Homo Sapiens aus dem Dunkel der Geschichte hervor. Zunächst herrschte in frühen Kulturen das mythische Bewußtsein vor. Die Menschen lebten naturnäher nach den Bedürfnissen der Gemeinschaft und den natürlichen Bestimmungen. Das Erspüren und Fühlen in der mythischen Imagination wich immer mehr dem mentalen Bewußtsein. Abstrakte Begriffe wurden definiert und konnten zu Götzen werden. In der heutigen mentalen gedachten Welt ist nur das wahr, was meßbar ist. Die Naturwissenschaft wurde zum Götzen erhoben, die Ratio wurde das alleingültige Prinzip der Wertorientierung. Das mythische Bewußtsein mit Erfahrungswerten und Erspüren dessen, was richtig oder falsch ist, wird heute diskriminiert. Gefühle werden als Gefühlsduselei abgewertet, wodurch dem Menschen viele Werte und Lebenswahrheiten verlorengehen. Die Frau steht dem mythischen Bewußtsein durch ihr mit Gefühlen durchsetztes Denken viel näher. Hirnforschungen weisen derzeit daraufhin, daß bei der Frau die Verbindung von rechter Hirnhälfte (zuständig für emotionales Denken, Fühlen, kreatives Denken) zu linker Hirnhäfte (zuständig für logisch abstrahierendes Denken) ausgeprägter ist als beim Mann. (Siehe Kapitel »Das andere Gehirn«). Dies gibt ihr die Fähigkeit eines umfassenderen Denkvermögens. Sie sollte sich daher nicht allein auf das rein logisch abstrakte Denken des Mannes einlassen und glauben, sie könne nur so mit dem Mann geistig konkurrieren. Ihre Fähigkeit des intuitiven Erfassens von Situationen und Vorgängen und ihr Interesse am Menschen kann auch in der Geschäftswelt eine deutliche Bereicherung darstellen und in der Wissenschaft zu kreativem Denken führen.

Durch die Freiheit des Geistes ist auch die Identität von Frau und Mann willkürlich modifizierbar. Man kann zum Beispiel ein Frauenbild schaffen, das durch Training (Bodybuilding) muskulär stark ist, sich selbst verteidigt und auf die Hilfe des Mannes nicht angewiesen ist. Man kann den Kampfgeist der Frauen stimulieren, so daß sie im Wettbewerb des Berufslebens erfolgreich sind, man kann Gefühle unterdrücken lernen, so daß alleine das rationelle Denken vorherrscht, man kann auf die weibliche Erfüllung als Mutter verzichten lernen, um beruflichen Erfolg zu erzielen und um frei und unabhängig zu sein. Die Frau kann auch in der Sexualität den aktiven Teil übernehmen, sie stimuliert den Mann und nimmt ihn. Sie kann die Zyklusgebundenheit durch die Einnahme von Hormonen ablegen und selbst bestimmen, ob und wann sie schwanger werden will, was ihr

Freiheit, Unabhängigkeit und die Möglichkeit zur Selbstbestimmung gibt. Diesen sozialen Fortschritt verdankt sie der Wissenschaft und Forschung, die sie von der biologischen Abhängigkeit entbunden haben.

Andererseits kann man den Mann dazu erziehen, daß er sich sanft, weich und einfühlsam verhält, das heißt, daß er sein Aggressionspotential, was auch zur Verteidigung wichtig ist, weitgehend unterdrückt und seine Gefühle kultiviert, daß er Kleinkinder betreut, sie füttert, nährt und umsorgt, und sich in der Liebe passiv verhält.

Werden auf diese Art und Weise Frauen zu männlich und Männer zu weiblich, entstehen die »Emanzen« und »Softies«, die beide kein sehr hohes Ansehen genießen. Derart verzerrte Frauen- und Männerbilder wirken widernatürlich, sie regen nicht zur Identifikation an und stoßen bei Gleich- und Gegengeschlechtlichen auf Ablehnung. Sie berücksichtigen nicht die biologischen natürlichen Anlagen, die sich in Form von Gefühlen in uns melden. Wir müssen unsere genetische Bestimmung kennen, sie berücksichtigen und ausleben und dann modifizierend auf sie einwirken, indem wir obige Eigenschaften des Gegengeschlechtlichen additiv kultivieren. Die Natur in ihrer Vielfalt hat auch uns Menschen eine breite Palette von genetischen Anlagen zur Verfügung gestellt. Es gibt Frauen, die mehr männliche Eigenschaften natürlicherweise in sich vereinen, und Männer, die weibliche Anlagen haben. Es ist ein Fortschritt, daß durch die Ideologie der Gleichberechtigung alle ihre Anlagen ausleben können.

Die Frage stellt sich nun auch, wieweit kann sich der Mensch von den natürlichen Gegebenheiten entfernen, ohne Schaden zu nehmen. Verhaltensforscher, unter anderem Irenäus Eibl Eibesfeld, haben Untersuchungen über den »Vorprogrammierten Menschen« angestellt. Er zeigt, daß biologische Triebabhängigkeiten, die auch in der Phylogenese zu beobachten sind, im menschlichen Dasein durchaus vorhanden sind und sich als angeborene Reaktionsweisen durchsetzen. Diese sind in kulturelle Verhaltensweisen eingebettet. Man erinnere sich hierbei an den Territorialanspruch der Tiere, der auch bei uns Menschen vorhanden ist. Zum Beispiel wird bei einer Busfahrt ein einmal eingenommener Platz streng verteidigt oder in einem Restaurant ein Tisch, an dem man Platz genommen hat, als eigenes Areal angesehen, in dem Eindringlinge unerwünscht sind. Bei Gruppenveranstaltungen tendieren die Teilnehmer immer wieder dazu, denselben Platz einzunehmen, auf dem sie auch bei der letzten Veranstaltung gesessen haben. Viele Menschen plagen sich ein Leben lang, um den Besitz eines Hauses mit einem Grundstück zu realisieren.

Es ist einleuchtend, daß das sexuelle Prinzip am tiefsten genetisch verwurzelt ist, da es zum Überleben der Art notwendig ist. Dieses biologische Prinzip, das in Genen gespeichert und an Hormone gekoppelt ist, wirkt im Menschen fort und verankert uns in der Natur. Entfernen wir uns zu weit von unserer Bestimmung, fühlen wir uns auf Dauer nicht wohl, die Natur meldet sich und ruft uns zurück. So wird verhindert, daß uns die Evolution des Geistes nicht in unserer Existenz gefährdet. Wir könnten uns leicht selbst ausrotten, denn emanzipiert sich die Frau dahin, daß sie keine Kinder mehr haben möchte, um ihrer Selbständigkeit, Freiheit und Unabhängigkeit willen, stirbt die Art Mensch aus. Wir haben bereits in vielen Ländern einen bedenklichen Geburtenrückgang zu verzeichnen. Die Tendenz ist jedoch schon sichtbar, daß sich der Wille zum Kind wieder vermehrt durchsetzt. Die Natur meldet sich! Goethe schreibt am

4.11.1829 an Zelter »je älter ich werde, je mehr vertrau' ich auf das Gesetz, wonach die Ros' und die Lilie blüht.«

Viele berühmte Leute aus den verschiedensten Wissensbereichen mahnen, wir müssen im Einklang mit der Natur leben. Das gilt nicht nur für die äußere ökologische Welt, sondern auch für uns Menschen. Der Dalai Lama sagte in seinem Friedensnobelpreisvortrag im Dezember 1989: »Manchmal bewirkt die Zivilisation gute Fortschritte, aber dann lassen wir uns zu sehr in diesen Fortschritt verwickeln und vernachlässigen oder vergessen unsere eigentliche Natur. Jede Entwicklung in der menschlichen Gesellschaft sollte im Einklang mit dieser Grundlage der menschlichen Natur vonstatten gehen. Verlieren wir diese Grundlage, so verfehlt eine solche Entwicklung ihren Zweck.«

Wissenschaften, Philosophie, Religion, Kunst, führen den Menschen in neue Dimensionen der Erkenntnisfähigkeit. Sie dürfen jedoch nicht von der Erde abheben und den Menschen zu einem Geistwesen deklarieren, damit ist dieser nicht mehr lebensfähig, denn er benötigt die Kontrollmuster der Natur. Zu einer umfassenden Erkenntnis des Weltganzen gehört auch die Rückbesinnung auf die Natur und deren Wirkungsgefüge. Das betrifft auch die Bestimmung von Mann und Frau. Die höchst differenzierten, sinnvoll ordnenden biologischen Kräfte als primitiv abzuwerten, grenzt an Hybris. In der Verbindung von Natur und Geist liegt die geglückte Synthese im Dienste der Evolution des Menschen.

# II.

# »Krieg« zwischen Mann und Frau im Alltag

## Die Entwicklung und Bedeutung der Emanzipation

Beim historischen Rückblick erkennt man, daß Frauen in den meisten Kulturen zu allen Zeiten gesellschaftlich unterdrückt wurden. Sie hatten immer weit weniger Rechte als Männer und wurden von diesen beherrscht. Sie waren abhängig von ihnen und mußten ihnen dienen und gehorchen. Wie konnte es dazu kommen?

Im ersten Teil des Buches wurde dargelegt, daß Männchen bei allen Lebewesen kräftiger und aggressiver sind. Dazu kommt, daß sie biologisch freier sind und nicht durch Schwangerschaft, Geburt und Babyversorgung gebunden sind. Männer waren draußen in der Welt, verdienten das Geld und mußten sich für Berufe qualifizieren, wodurch sie lernen und sich weiterbilden konnten. Geld verleiht Macht, die Aggression bedingt Durchsetzungswillen, und so kam es, daß die Welt schließlich von den Männern regiert wurde.

Gott ist männlich in unserem Sprachgebrauch, Jesus ist ein Mann, alle seine Jünger waren Männer, sämtliche Propheten und Religionsstifter waren Männer, der Papst ist ein Mann, Adam wurde zuerst geschaffen und so weiter.

Den Männern gefiel ihre Machtposition. Ihre Potenz, ihre Stärke war gefestigt. Das Prinzip Eigennutz, welches in der Natur vorherrscht, dominierte auch bei ihnen. Da es ihnen gemäß ihren Anlagen oft an Einfühlungsvermögen mangelt, haben sie nicht begriffen, warum eine Frau nicht alleine dadurch glücklich sein kann, daß sie Kinder gebären und versorgen darf, auch wenn dies eine schöne Aufgabe ist. Sie machten sich keine Gedanken darüber, wie erniedrigend es für Frauen war, sie bedienen zu müssen – was am Traualtar versprochen werden mußte –, darauf angewiesen zu sein, ihn zu fragen, was sie tun und lassen durften, wie ein unmündiges Kind gehalten zu werden, sexuell zur Verfügung stehen zu müssen, keine Möglichkeit zu haben, den Wissensdurst zu befriedigen, weil Schulen und Universitäten für sie verschlossen waren, bei gleicher Arbeit weniger Lohn zu bekommen etc. Besonders tragisch stellte sich die Unterdrückung bei einer ungewollten Schwangerschaft dar: In der Regel gaben ja die Mädchen in der Liebe dem intensiven Drängen der Jungen nach, obwohl sie große Angst vor einer unehelichen Schwangerschaft hatten und ihr bei einer Abtreibung bis in die siebziger Jahre Zuchthaus oder Gefängnis drohten. Bekam andererseits eine Frau ein uneheliches Kind, war ihr Leben vernichtet. Sie wurde diffamiert und hatte wenig Chancen, einen anderen Mann zu bekommen. Der Kindsvater stritt oft genug noch die Vaterschaft ab, denn man konnte sie früher nicht nachweisen, so daß die Mutter ihr Kind auch noch allein ernähren mußte. Oft genug wurde sie auch von der eigenen Familie verstoßen, weil diese sich ihrer schämte. Es ist überhaupt erstaunlich, daß diese und noch viele andere eklatante Ungerechtigkeiten über viele Jahrhunderte von den Frauen erduldet wurden. Dies liegt sicher einerseits an der biologischen Grundstruktur der Frau, die zu wenig freies Aggressionspotential hat, zu sehr auf Harmonie bedacht ist und zur Hingabe und Verzicht aufgrund ihrer Mutterrolle prädestiniert ist (Mutterliebe macht selbstlos). Andererseits kommt dazu, daß die Vorherrschaft der Männer in allen Kulturen religiös sanktioniert war. Es ist verständlich, daß Frauen nicht die Kraft hatten, sich auch noch gegen religiöse Gebote zu wehren und sich mit den damit verbundenen Schuldgefühlen auseinanderzusetzen.

Erst im letzten Jahrhundert, als die Kirche an Einfluß und Macht verlor und das demokratische Bewußtsein erwachte, begannen auch die Frauen, sich zu wehren. Sie schlossen sich zusammen. So wurde 1865 in Leipzig der Allgemeine Deutsche Frauenverein gegründet. Der Bund Deutscher Frauenvereine, ein Dachverband, der 1894 gegründet wurde, hatte 250000 Mitglieder. Bereits 1891 forderte die damalige SPD das Frauenwahlrecht, was aber erst nach 1918 in der Weimarer Republik verfassungsrechtlich garantiert wurde. Nur die USA, Neuseeland und Australien hatten damals schon das Frauenwahlrecht. Ende des 19. Jahrhunderts wurden die ersten öffentlichen Mädchengymnasien eingerichtet, die zur Hochschulreife führten, so 1889 durch Helene Lange in Berlin. Seit 1908 wurden Frauen zum Hochschulstudium zugelassen, 1932 waren 20000 Studentinnen eingeschrieben, es gab 24 Professorinnen, denn seit 1920 war für Frauen die Habilitation möglich. Hitler propagierte wieder die Hausfrauen- und Mutterrolle. Frauen sollten möglichst viele Kinder gebären, damit sich das deutsche Volk vermehre.

In den letzten 20 Jahren haben sich die Frauen in Deutschland viele Rechte erkämpft. 1968 ist die Frauenbewegung aus der Aposzene hervorgegangen. Die Frauen forderten die Abschaffung des §218, der schließlich 1976 zum Indikationsmodell geändert wurde und in jüngster Zeit wieder einer Reform unterworfen wird. 1970 formierten sich feministische Frauengruppen und forderten »mein Bauch gehört mir« und »gleicher Lohn für gleiche Arbeit«. Sie forderten 1971 Bezahlung für Hausarbeit, was nicht durchgesetzt wurde. 1976 wurde das erste Frauenhaus in Berlin eröffnet und die sexuelle Gewalt in der Ehe zum Thema gemacht. 1977 erreichten sie ein neues Scheidungsrecht, bei dem das Schuldprinzip zugunsten des Zerrüttungsprinzips aufgegeben wurde. 1979 wurde der verlängerte Mutterschaftsurlaub verabschiedet, 1980 das Gesetz über die Gleichberechtigung am Arbeitsplatz. 1986 richtete man das erste Frauenministerium ein.

Immerhin mußte bis Mitte der siebziger Jahre der Mann noch einverstanden sein, wenn eine verheiratete Frau arbeiten gehen wollte. Das ist heute undenkbar. Die Frauen sind selbstbewußter und sicherer geworden. Wenn in der Charta der Vereinten Nationen steht, daß alle Menschen gleich sind, so gilt das Recht auch für Frauen gegenüber Männern. Im Grundgesetz § 66 Art. 3 II steht: »Frauen sind gleichberechtigt. Diskriminierung und Benachteiligung von Frauen widerspricht dem heutigen demokratischen Bewußtsein, was wesentlich von den Männern propagiert und mitgetragen wird.«

In der Praxis zeigen die Frauen häufig wenig Durchsetzungsvermögen. Die kämpferische Kraft fehlt ihnen, sie geben zu schnell nach. Die Vorkämpferinnen der Frauen, die sogenannten »Emanzen«, lebten ihnen aggressives Verhalten vor und erreichten damit vieles. Sie schlugen die Männer mit deren eigenen Waffen, erkämpften Rechte für die Frauen und wiesen auf Mißstände hin. Allerdings kann sich der überwiegende Teil der Frauen nicht mit ihnen identifizieren, denn sie sind den meisten zu männlich. Durch die Arbeit der »Emanzen« haben die Frauen aber Selbstbewußtsein bekommen. Sie wissen, daß sie mit Beharrlichkeit Rechte einfordern können. Sie sind freier geworden und können notfalls ihren Lebensweg alleine gehen. So wird die Mehrzahl der Scheidungen von den Frauen eingereicht. Ihre Selbstachtung und ihr Durchsetzungswille haben zugenommen. Die Frauen sind sich ihrer Menschenwürde bewußt geworden und erwarten Achtung und Anerkennung.

Für die Gesellschaft ist es äußerst wichtig, daß Frauen am kulturellen, geistigen und politischen Leben teilnehmen. Sie müssen die Welt mitgestalten, weil durch ihre Identität und Wesenheit das Bewußtsein der Gesellschaft bereichert wird. Dazu müssen sie lernen und erfahren, wer sie selbst sind, und ihre Stärken einbringen. Aggressivem Denken und Handeln, nüchternem Materialismus und kalter Berechnung müssen sie lernen zu entsagen und ihre eigenen Methoden finden, sich zu behaupten und die Welt mitzuformen. Frauen haben intellektuell die gleichen Fähigkeiten wie Männer, wenn auch mit etwas anderer Gewichtung. Sie haben aber eine viel größere Sensibilität und damit ein besseres Gespür für Situationen, Menschen und Stimmungen. Diese Fähigkeiten können sie in der Wirtschaft, der Politik und an allen Arbeitsplätzen einbringen. Frauen, die wie Männer werden, sind nicht immer eine Bereicherung. Frauen müssen sich emanzipieren zu dem, was sie sind. Wenn sie damit Einfluß auf die Männer nehmen und das Patriarchat aufbrechen, erfahren auch diese eine Vertiefung und Erweiterung ihrer Denk- und Seinsmöglichkeit.

## Gefühl und Verstand

Gefühl und Verstand sind die Grundelemente, die unseren inneren Zustand bestimmen. Die Gefühlssphäre ist die ältere Dimension des Erlebens. Auch Tiere haben Gefühle und Empfindungen. Während der Evolution hat sich das Gehirn des Menschen spezialisiert in Richtung auf das Bewußtsein und auf das abstrahierende logische Denken. Bei alten Völkern war das mythische Denken noch viel ausgeprägter als in der Neuzeit. Insbesondere durch die Entwicklung der Naturwissenschaft und Technik hat das rationale Bewußtsein die Dominanz in unserem Weltbild erhalten. Es galt lange Zeit die These, es ist nur das wahr, was mit mathematisch-naturwissenschaftlichen Methoden beweisbar ist. Nun hat sich die Naturwissenschaft, insbesondere die Physik, derart weiterentwickelt, daß sie an die Grenzen der menschlichen Erkenntnisfähigkeit gestoßen ist. Die Materie löst sich schließlich auf, da wir vom Atom in immer weitere Untereinheiten gelangen, wo nur noch Energie eine Rolle spielt, wobei sich wiederum die Frage stellt, was diese letztlich ist.

Auch die Raum-Zeit-Dimension hat nach mathematischer Berechnung unvorstellbare Ausmaße angenommen. Wir können uns kaum vorstellen, daß alles gleichzeitig ist, daß unter anderen relativen Zeitbezügen etwas schon geschehen ist, was im eigenen Welterleben noch nicht stattgefunden hat. Das ist beispielsweise durchaus mathematisch zu belegen. So kommen die bedeutendsten Naturwissenschaftler zu der Erkenntnis, daß es neben unserer wahrnehmbaren Wirklichkeit noch andere Wirklichkeiten geben muß. Das heißt also, daß das, was wir erkenntnistheoretisch erfassen, nicht das absolute Wissen sein kann. Hier schließt sich der Kreis wieder, denn ein Erahnen und Erfahren der transzendenten Wirklichkeit war im mythischen Bewußtsein der Menschen durchaus bereits vorhanden und wurde in kulturellen Traditionen weitergegeben. So muß der heutige fortschrittlich denkende Mensch anerkennen, daß in Mythen Wahrheiten, ja Weisheiten enthalten sind, die sich der naturwissenschaftlichen Sprache entziehen.

Neurophysiologen fanden heraus, daß die rationalen Fähigkeiten der linken Hirnhälfte zuzuordnen sind. Diese Hirnhälfte hat sich zur Dominanten entwickelt, da dort auch Sprach- und Handlungszentren für die Steuerung der rechten Körperseite lokalisiert sind. Die gesamte Gefühlswelt, auch die Kreativität, ist der rechten Hirnhälfte zuzuordnen.

Nun ist es nichts Neues, daß bei der Frau die Gefühlswelt deutlich ausgeprägter ist als beim Mann. Diese Tatsache ist genetisch gesteuert. Hierbei spielen die weiblichen Geschlechtshormone und, wie neueste Untersuchungen zeigen, auch morphologische vom Mann differente Hirnstrukturen eine Rolle.

Bei der Frau weicht das rationale, aktive, auch aggressive Handeln einem gefühlvollen Bewahren der Frucht in ihrem Leib. Sie empfindet und spürt Leben entstehen, ist gefühlsmäßig mit dem Wunder der Natur, der Entstehung eines Menschen verbunden. Die Bindung an das neu entstehende Leben, die in der Mutterliebe ihren höchsten Ausdruck findet, bedarf keiner Ratio, um zum richtigen Handeln und Bewahren des kleinen Lebewesens zu führen. Die Mutterliebe ist angeboren als eine feste Absicherung der Natur im Sinne der Arterhaltung.

Wie wir an anderer Stelle sehen, ist diese Mutterliebe die Basis für vielfältiges soziales Handeln in unserer Kultur.

Bei den Männern dominiert, auch genetisch hormonell gesteuert, die linke Hirnhälfte, die den logischen, sachlichen und nüchternen Verstand repräsentiert. Das hat biologisch seinen Sinn darin, daß sich der Mann mehr mit der Umwelt auseinandersetzen muß, um Mutter und Kind vor Anfeindungen von außen zu beschützen und zu bewahren und um sie zu ernähren, während die Mutter mit dem hilflosen Geschöpf beschäftigt ist. Der Mann ist biologisch freier. Die Mutter ist primär durch das Stillen an das Kind gebunden. Die dominante Ratio des Mannes ermöglicht ihm effektives Handeln, und seine Aggressionsbereitschaft stärkt den Kampfgeist und Verteidigungswillen. Sie unterstützt aber auch sein Streben nach Dominanz und Status, was ihm das Gefühl von Potenz und Stärke gibt.

Nun wurde im letzten naturwissenschaftlich geprägten Jahrhundert das logisch abstrahierende Denken zu einem Götzen erhoben. Gefühle wurden als primitiv abgewertet. Ein Mann durfte nicht weinen, keine Gefühle zeigen, denn das bedeutete Schwäche. Eine Frau war wegen ihrer ausgeprägten Gefühlswelt sowieso nicht ernst zu nehmen. Außerdem verwehrte man ihr den Zugang zu Schulen und Universitäten, so daß sie gezwungen war, in ihrer Gefühlswelt zu verharren. Ihr logisches Denken wurde nicht geschult, ihre Gesprächsthemen abfällig beurteilt. Nie meldete sich bei den Männern eine Selbstkritik. Gespräche über Börsenkurse, Geschäfte oder Sex sind nun objektiv wirklich nicht höher zu bewerten als die über Kindererziehung.

In der heutigen Zeit hat sich nun dahingehend ein Wandel vollzogen, daß die Frau Bildungschancen hat und es sich erwies, daß sie den Männern intellektuell in keiner Weise unterlegen ist. In der Schule bringen allerdings Jungen in den naturwissenschaftlichen Fächern, die mit nüchternen Zahlen und Formeln umgehen, in der Regel bessere Leistungen als Mädchen. Sie zeigen auch meistens für naturwissenschaftlich-technische Bereiche mehr Interesse. Mädchen jedoch haben ihre Stärken in allen anderen Fächern, denn sie sind früher reif, konsequenter im Lernen, meist schneller in der Auffassung und flexibler. Paart sich die weibliche Intuition und Sensibilität mit Intelligenz und Kritikfähigkeit, ist das Ergebnis beeindruckend; Frauen sind dann den Männern oft sogar überlegen. Sie sind eine große Bereicherung im beruflichen, sozialen und politischen Leben, wenn es ihnen gelingt, ihr mangelndes Dominanzstreben zu überwinden.

Wichtig für die heutige Welt ist es, daß Männer lernen, die Gefühle der Frauen ernst zu nehmen und damit ihre intuitiven Fähigkeiten neben der Intelligenz zu respektieren, und daß sie auch im Berufsleben diese Möglichkeiten der Frauen als Bereicherung anerkennen. Zu Hause haben Männer schon immer gerne ihre Frauen nach deren Eindruck von einem Menschen, einer Sache oder einer Situation gefragt. Auch berühmte Staatsmänner sollen dies getan haben. Frauen können oft besser beurteilen, ob eine bestimmte Handlungsweise richtig ist oder einem Menschen zu trauen ist oder nicht. Das sollte ernst genommen und akzeptiert werden. Andererseits sollten die Männer lernen, ihre Gefühlswelt etwas auszubauen. Lösungen von schwierigen Fragen werden in der heutigen Zeit durch kreatives Denken herbeigeführt. Mit der Ratio alleine sind die Probleme der modernen Welt nicht mehr zu lösen. Zu diesem Erkenntnisstand ist die Wissenschaft gekommen.

So wie die heutige Frau ihre intellektuellen Fähigkeiten entwickelt hat, muß der Mann seine Gefühlswelt entdecken und ausbauen. In der Partnerschaft und im sozialen Leben sollte der Mann versuchen, die Gefühle der anderen zu erkennen, zu verstehen und zu respektieren.

Manche Ehe könnte dadurch erhalten werden, und in der Arbeitswelt gäbe es weniger Probleme und Krankheiten. Durch mangelnde Beachtung der Gefühle der Arbeitnehmer kommt es oft zur Demotivation und schließlich zu körperlichen Erkrankungen. Wir wissen heute, wie wichtig die psychosomatischen Zusammenhänge bei der Krankheitsentstehung sind.

Gefühle lassen sich aktivieren durch Musik, Tanz und alle kreativen Beschäftigungen. Allerdings sind das nur die eigenen Gefühle. Oft verharren Männer in ihren eigenen Emotionen. Es fällt ihnen offenbar unendlich schwer, wahrzunehmen, daß ein anderer Mensch andere, von ihnen abweichende Empfindungen hat. Der Mann muß sich bemühen, dies zu erkennen, da er von Natur aus weniger Einfühlungsvermögen hat.

Die Menschen sind durch bessere Erkenntnismöglichkeiten differenzierter geworden. Sie erkennen ihre Gefühle und erwarten, daß diese respektiert werden. Das Prinzip ›Herrschen und Gehorchen‹ ohne Beachtung der individuellen Bedürfnisse funktioniert nicht mehr. Es kommt zu Auseinandersetzungen, die vermieden werden können. Hierbei sind die Männer zu größerer Sensibilität aufgerufen, die ihnen schwerfällt.

Es wäre wünschenswert, daß Verstand und Gefühle – sich gegenseitig befruchtend und ergänzend – den Menschen der Zukunft bestimmen.

## Tradition

Jede Kultur lebt aus Traditionen. Die Tradition sichert die Weitergabe von erworbenen Verhaltens- und Reaktionsweisen in bestimmten Situationen des sozialen Lebens. Sie beinhaltet Wertschätzungen und alte archaische

Erfahrungen im Umgang miteinander. Folglich kann Tradition nie a priori schlecht sein. Sie ist wandelbar und kann sich ändern im Zuge von neuen Wertesystemen einer Gesellschaft. Je kritischer, freier und selbstbewußter die Menschen werden, um so mehr lösen sie sich von vorgegebenen Normen des Verhaltens. Sie prüfen, was gut und nützlich für ihr Leben ist. Das ist gut so. Aber sind uns alle Kriterien bewußt, die zur Tradition führten? Sicher nicht. In Traditionen ist uraltes Wissen enthalten, was unserem Bewußtsein nie zugänglich war. Es berücksichtigt in vielen Bereichen angeborene Reaktionsweisen, die unsere Intimsphäre regeln. Gerade wenn es um die Erhaltung der Art, um Liebe, Nähe, Sexualität, Bindung und Geborgenheit geht, geben traditionelle Verhaltensweisen Sicherheit, weil sie beständige, biologisch genetisch verankerte Verhaltensnormen beinhalten.

Andere Traditionen, die die äußeren Bereiche des Lebens betreffen, unterliegen dem Wertewandel und werden aufgegeben. Hierzu gehört zum Beispiel, zu gewissen Anlässen eine bestimmte Kleidung zu tragen. Es gibt keine Sonntagskleidung mehr, man kann in Jeans und Rollkragenpulli in ein feines Lokal gehen, man kann Kartoffeln mit dem Messer schneiden und so weiter. Der Wert der individuellen Freiheit hat sich durchgesetzt.

Durch die aufgewertete Stellung der Frau haben sich Traditionen verändert. So kann die Frau Meßdienerin in der katholischen Kirche werden, die sich schwertut mit der Anerkennung der Würde der Frau, sie kann in der evangelischen Kirche Pfarrerin sein. Ein Ehepaar lädt heute gemeinsam zu einem Fest ein, was früher nur der Mann tat, eine Frau kann ohne weiteres zum Tanz auffordern.

Gewiß können tradierte Verhaltensweisen auch nachteilig sein, wenn beispielsweise gedankenlos etwas übernommen wird, weil es immer so gemacht wurde. Schematisiertes Handeln engt ein und verhindert kreative Lösungen. Ein zu frühes Festlegen auf Rollenverhalten behindert die Entfaltung der Persönlichkeit. Es gibt erlernte Hilflosigkeit durch die negative Einschätzung »Du kannst das nicht« (zum Beispiel als Frau einen Nagel in die Wand schlagen). Frustrationen in der Vergangenheit hemmen Lösungen für die Zukunft. Aussagen wie »Ein alter Mensch macht dieses oder jenes nicht mehr« führen zu Vorurteilen, die die Flexibilität und Initiative hemmen.

Wenn eine Generation jedoch zu sehr mit der Tradition bricht, weil sie glaubt, alles in Frage stellen zu können und alles besser zu wissen, begibt sie sich auf gefährliches Glatteis: Ein Traditionsbruch schafft oft Unsicherheit und Orientierungslosigkeit in der Bewältigung des Lebens.

Höflichkeitsformen beispielsweise dienen dem Aggressionsabbau. Wenn eine Person an einem Tisch sitzt, betrachtet sie diesen als eigenes Territorium. Kommt ein Fremder hinzu und will sich ebenfalls dorthin setzen, wirkt er wie ein Eindringling und es entstehen Aggressionen. Erst durch die höfliche Frage: »Gestatten Sie, daß ich hier Platz nehme?«, werden die Aggressionen abgebaut, und es kann sich ein Tischgespäch entwickeln. So ordnen traditionelle Sitten das soziale Zusammenleben.

Besonders wesentlich sind die tradierten Verhaltensweisen im Umgang der Geschlechter miteinander. In der Liebeswerbung erkennen wir Signale, die schon bei den Tieren im Reiz-Reaktionsgefüge von Bedeutung sind.

Ein Mann wirbt um eine Frau, indem er ihr beispielsweise Blumen schickt. Bringen nicht Tiere in der Liebeswerbung schon Geschenke? Geschenke stimmen grundsätzlich freundlich, bauen Aggressionen ab, und Blumen beinhalten eine Symbolik, die mehr aussagt als viele Worte. Durch die Blume sprechen bedeutet eine zarte Annäherung, die eine direkte Konfrontation meidet.

Männer laden Frauen in der Öffentlichkeit zum Essen ein. Sie demonstrieren damit, daß sie als Ernährer einer möglichen Familie brauchbar sind. Je großzügiger ein Mann ist, desto mehr Chancen hat er bei einer Frau. Diese Rechnung geht immer auf, weil genetische Reaktionsweisen angesprochen werden. Wenn junge berufstätige Frauen heute sagen, ich kann mein Essen selbst bezahlen oder Männer dieses gar voraussetzen, leidet die Liebesfähigkeit der Frau unter Umständen. Hier stößt die Emanzipation zuweilen an ihre Grenzen. Liebe wird zur lustbetonten Partnerschaft, aber nicht zur erfüllten Hingabe, die beide Geschlechter in einem Höchstmaß glücklich macht. Männer sollten wissen, daß auch eine Frau, die ihr eigenes Einkommen hat, verwöhnt werden muß, und Frauen sollten das geschehen lassen, gerne annehmen und keine Angst vor Unterdrückung haben.

In traditionellen Verhaltensweisen zeigt sich der Mann als Beschützer der Frau. Das führt bei der Frau zu erhöhtem Vertrauen, das eine Voraussetzuung zur Liebesbereitschaft ist. Der Mann bringt die Frau abends nach Hause, was gerade in der heutigen Zeit zu ihrem Schutz sehr wichtig ist. Der Mann betritt ein Lokal zuerst und sucht ein Territorium, einen Platz. Er schirmt sie vor möglichen Aggressionen ab. Der Mann hilft der Frau in den Mantel, hält ihr die Tür auf, trägt ihr eine schwere Tasche, bietet ihr seinen Platz an, hebt ihr

Dinge vom Boden auf und so weiter. Das sind alles Handlungen, die Schutz, Achtung und Fürsorge beinhalten. Frauen brauchen diesen Schutz und die Fürsorge des Mannes bei Schwangerschaft, Geburt und Betreuung des Kleinkindes. Diese Eigenschaften wirken daher als Signal für positive Reaktionen der Frau, ein Reiz- Reaktionsmuster, das genetisch verankert ist. Wenn im trotzigen Aufbegehren des Ich-Bewußtseins heutige Frauen sagen »das kann ich auch alleine«, irren sie. Die Stelle des Vaters muß dann die Gesellschaft einnehmen. Das Sozialamt, die Familie und Institutionen übernehmen mütterliche und väterliche Aufgabenbereiche. Die Mutter kann unmöglich alleine ihr Kind betreuen und für Nahrung und Unterhalt sorgen im Sinne des Geldverdienens. Dieses Wissen ist gefühlsmäßig in ihr verankert. Daher spricht sie genetisch determiniert auf Versorgungs- und Betreuungssignale an.

Die Umgangsformen sind für das Gefühlsleben zwischen Mann und Frau eminent wichtig. Sie beinhalten und respektieren uns innewohnende archaische Verhaltensmuster, die das Zusammenwirken von männlichen und weiblichen Prinzipien ordnen und harmonisch gestalten. Verzicht auf diese Traditionen führt zu erheblicher Verunsicherung und zu Kollisionen im Umgang der Geschlechter miteinander. Die Traditionen vermitteln uns bewährte Spielregeln des Liebeslebens, auf die wir nicht verzichten sollten.

## Die Aggressionsbereitschaft des Mannes und das Harmoniebedürfnis der Frau

Aggression wird in unserem Sprachgebrauch als ein vorwiegend negativ gefärbter Affekt erlebt. Die ungesteuerte Aggression hat schlimmste Auswirkungen, wie wir das in Kriegen erleben oder auch bei persönlichen Auseinandersetzungen mit den Folgen der Körperverletzung oder gar der Tötung.

Ursprünglich ist die Aggression eine biologisch sinnvolle triebdynamische Einrichtung. Sie ist genetisch verankert und dient der Erhaltung der Art, zum Beispiel durch Beschaffung von Nahrung (Jagen und Fressen anderer Spezies), Verteidigung der Nahrung, des Lebensraumes, der Brut, Kampf zur Abwehr, nicht selbst Opfer zu werden, Eroberung von Lebensraum und eines Weibchens. Die Aggression ist in der Entwicklungsgeschichte älter als die Liebe. Ihre expansive Dynamik war und ist für die Auseinandersetzung mit der Umwelt lebensnotwendig.

So ist auch der Mensch als biologisches Wesen ausgestattet mit einer Aggressionsbereitschaft. Bei keiner Art hat sich diese Aggression jedoch so verselbständigt wie beim Menschen. Die Tötungshemmung gegenüber Artgenossen als sinnvolle Begrenzung der Aggression zur Erhaltung des Lebens hat sich beim Menschen derart gelockert, daß er sich selbst zerstören kann. Dazu verhalf ihm sein Geist, seine raffiniert entwickelten Aggressionsmittel und sein egoistischer Individualismus, der ihn zum Herrscher über Leben und Tod der ganzen Welt machte. Unser Geist, also Vernunft und Verstand müssen nun als Kontrollinstanzen diese Aggressionsausbreitung wieder beherrschen lernen. Wie unendlich schwer das ist, zeigen die jüngsten Kriege, die objektiv völlig sinnlos sind. Das angeborene Aggressionspotential in richtige Bahnen zu lenken bleibt eine Aufgabe der Zukunft. Die Lösung dieser Aufgabe wird nie vollkommen sein und viele Generationen beschäftigen. Machtbesessene Diktatoren werden immer wieder auftauchen und Massen für sich mobilisieren können.

Wichtig ist, daß bei allen Tieren, zu allen Zeiten, in allen Kulturen die Aggressionsbereitschaft der Männer wesentlich größer war als die der Frauen. Die biologischen Gründe hierfür wurden im ersten Teil des Buches beschrieben. Das männliche Wesen hat einen Drang nach Dominanz, der beim Menschen gekoppelt ist mit Selbstwertgefühl und Selbstachtung.

Schon am Ende des ersten Lebensjahres zeigen sich Geschlechtsunterschiede im aggressiven Verhalten. Wir sahen bereits, daß Jungen im Gegensatz zu Mädchen in der Schule raufen und sich schlagen. Sie sind Rivalen und bilden Kampfgemeinschaften. 20 – 25% aller Straftaten bei Kindern und Jugendlichen sind Aggressionsdelikte gegen Sachen oder Personen. Diese werden überwiegend von Jungen begangen, wobei ein Gipfel zwischen 16 und 20 Jahren zu beobachten ist. Auch später sind die Gewaltverbrecher in den Gefängnissen in der großen Überzahl Männer. Frauen verüben generell viel weniger Straftaten als Männer. Der amerikanischen Waffenlobby gelingt es nicht, Frauen für Waffen zu begeistern, obwohl diese weit gefährdeter sind als Männer und Waffenbesitz in den USA erlaubt ist. Die Selbstmorde bei Männern sind aggressiver, wie bereits im ersten Teil beschrieben wurde. Sie erhängen sich, erschießen sich, werfen sich vor einen Zug, während Frauen den sanften Tod bevorzugen. Männer stehlen Autos, Frauen nie. Männer fahren wesentlich aggressiver Auto als Frauen; sie führen häufig Rangkämpfe auf den Straßen. Kriegerische Auseinandersetzungen werden weltweit von Männern geführt. Kampfheere bestehen bis heute meist aus Männern. Die Frauen übernehmen beim Militär eher gewaltfreie Aufgaben. Auch bei der Polizei dominieren im Einsatz, beispielsweise bei Demonstrationen, Männer. Frauen übernehmen eher ordnende Aufgaben wie die der Verkehrspolizei. Wir sehen, Frauen sind weniger auf Auseinandersetzungen und mehr auf die Gestaltung zwischenmenschlicher Beziehungen ausgerichtet.

Der Mann ist nun einmal körperlich stärker gebaut als die Frau. Er bringt somit die physischen Voraussetzungen zum Kampf mit. Die Körperkraft ist biologisch unterlegt mit der Schubkraft des Aggressionspotentials, so daß sie auch ihre Funktion erfüllen und zum Einsatz gebracht werden kann.

Überschauen wir das gesamte Tierreich und blicken auf die Entwicklungsgeschichte des Menschen in den verschiedensten Kulturen zurück, erscheint es logisch, daß dieses Aggressionspotential nicht anerzogen, sondern biologisch vorgegeben ist.

Bei rücksichtslosen, dem Prinzip Eigennutz folgenden Männern kommt es manchmal zu Vergewaltigungen. Diese sind zwar auch im Tierreich bekannt und stellen eine besondere Fortpflanzungstaktik dar, kommen aber nicht häufig vor. Laut Wolfgang Wickler gibt es in 41% aller erfaßten menschlichen Sozietäten regelmäßig Vergewaltigungen. Allein in den USA werden jährlich 60000 angezeigt, die nur ein Bruchteil der tatsächlich vorkommenden Fälle ausmachen. Diese finden sich besonders dort, wo die Gefahr, entdeckt zu werden, gering ist, wie in der Ehe oder im Krieg auf fremdem Territorium.

Selbstverständlich haben auch Frauen eine Aggressionsbereitschaft, die aber in der Regel nicht so stark ausgeprägt ist wie die des Mannes. Sie dient der Selbsterhaltung, der Verteidigung der Nachkommenschaft und der Abwehr von Konkurrentinnen. Sie wird jedoch gebremst durch die Fürsorgebereitschaft des Muttertriebes und ist nicht auf Destruktion ausgerichtet.

Das Aggressionsverhalten auf einen Stimulus ist zunächst von beiden Geschlechtern ähnlich: Es dominiert anfangs die verbale Aggression, dann folgt bei den Männern an zweiter Stelle die physische Gewalt, während Frauen mit Rückzug reagieren. Die Auseinandersetzungsbereitschaft des Mannes ist größer. Das befähigt ihn auch zu Rang- und Machtkämpfen. Wie oft kommt auch in einer Ehe, selbst bei gebildeten Menschen, physische Gewalt vor! Der Mann schlägt seine Frau. Dies dringt jedoch selten nach außen.

Frauen geben bei aggressiven Auseinandersetzungen viel leichter nach. Länger dauernde Kampfsituationen stehen sie viel schlechter durch. Ihr Harmoniebedürfnis ist ausgeprägt. Wahrscheinlich sind dafür die mütterlichen Instinkte ausschlaggebend. Umsorgen, Hüten und Pflegen entspricht ihnen mehr als Kämpfen. Für die Versorgung der Kinder eine ruhige, ausgeglichene und schützende Umgebung zu schaffen ist wohl der zugrundeliegende Impuls. Die Natur hat hierfür eine Rollenverteilung vorgenommen: der Mann sorgt für die Ordnung außen, die Frau für die Ordnung innen. Er ist biologisch für die Feindabwehr besser ausgestattet. Sie hat die besseren Voraussetzungen für die Kleinkindbetreuung im Säugen, Nähren, nonverbalen Verstehen und Umsorgen. Die Ursprünge unserer biologisch determinierten Verhaltensweisen sind immer im Zusammenhang mit der Arterhaltung zu suchen, das heißt mit der Liebeswerbung, Befruchtung (Sexualität), Versorgung der Kinder, auch im sozialen Kontext, Territorialerwerb und Territorialerhalt, Nahrungssuche und Feindabwehr, wie dies im ersten Teil des Buches beschrieben wurde.

Wir sahen zuvor schon, wie wichtig für Frauen von

klein auf soziale Beziehungen sind. Miteinander kommunizieren durch Anteilnahme und Verständnis sind bedeutend für sie und liegen ihr mehr als Rangkämpfe. Sie selbst ist auch bei sachlichen Auseinandersetzungen als ganze Person beteiligt, so wie sie auch den anderen als ganze Person miteinbezieht. Dadurch fällt es ihr schwer, das Sachliche, Objektbezogene von der Beziehung auf der persönlichen Ebene zu trennen. Männer führen härteste Streitgespräche und trinken danach gemütlich gemeinsam ein Bier, als sei nichts gewesen. Ihr Kampf läßt sie miteinander kommunizieren. Dadurch finden sie sogar Kontakt. Frauen ist das unmöglich. Sie versuchen verbindlicher zu streiten, um die andere Seite nicht zu verletzen. Daran denkt ein Mann gar nicht. Eine Frau spielt sogar ihr Wissen herunter, um nicht ein zu großes Ungleichgewicht entstehen zu lassen. Sie bemüht sich mehr, verstanden zu werden und konfrontiert weniger. Ein Mann spürt bei der objektbezogenen Diskussion gar nicht, daß er verletzen kann, indem er zum Beispiel die Meinung des anderen als unsinnig und absurd abwertet. Er meint damit nicht die Person, sondern den Diskussionsbeitrag. Lediglich schwache Männer mit labilem Selbstbewußtsein sind auch leicht persönlich kränkbar. Das liegt aber auf einer anderen, krankhaften, ich-bezogenen Ebene.

Es wurde bereits geschildert, warum es Frauen schwerfällt, Gefühl vom sachbezogenen logischen Denken zu trennen. Das trifft bei harten Diskussionen auch zu. Selbst wenn die Frauen glauben, sachlich zu sein, schwingt ihr Gefühl mit, ganz anders als bei Männern.

Auch auf dieser Beziehungsebene zeigt sich das Harmoniestreben der Frau. Sie sucht nach Konsens, wo Männer versuchen, sich gegeneinander abzugrenzen. Im Streitgespräch mit Männern gibt sie daher leicht nach.

Sie meidet die harte Konfrontation, was besonders in der Partnerbeziehung von Bedeutung ist. Sie setzt dann die eigenen Bedürfnisse gegen die Interessen des Partners nicht durch, weil sie fürchtet, durch die dann notwendige Konfrontation die Beziehung aufs Spiel zu setzen, was der Mann nicht verstehen kann. Die Beziehung wird beim Mann eher in Frage gestellt, wenn sich die Frau sexuell verweigert.

Durch das Harmoniebedürfnis der Frau und ihre mütterlichen Instinkte, eher zu geben als zu nehmen, ist es zu erklären, daß die Frau sich in der gesamten geschichtlichen Entwicklung derart unterdrücken ließ. Sie hatte nie das nötige freie Aggressionspotential, um für sich selbst Rechte zu erkämpfen. Sie wird kämpferisch, wenn es um das Wohl der Kinder geht, aber auch hierbei kann sie sich oft genug nicht gegen den Mann durchsetzen.

Natürlich gibt es, wie überall in der Natur, eine Variationsbreite der angeborenen Reaktionen: Es gibt Männer, die weich sind und nachgeben, und Frauen, die kämpferisch sind. Sie entsprechen aber nicht dem vorherrschenden Verhalten. Kämpferische Frauen beispielsweise, die sich in der Politik und Justiz profilieren, sind enorm wichtig als Vorkämpferinnen für die Rechte der Frauen. Sie ermutigen unermüdlich die Frauen, auf ihrem gesetzlich verankerten Anspruch auf Gleichberechtigung zu bestehen. Und das ist gut so. Frauen brauchen erhebliche Unterstützung in der Wahrnehmung ihrer Rechte. Sie müssen unbedingt lernen, ihre Rechte einzufordern. Sie neigen immer wieder zum Aufgeben, Nachgeben und Rückzug im Interesse der Harmonie. Aggression ist ein biologischer Impuls, eine innere Kraft, die zwar freigesetzt, aber nicht erlernt werden kann, wenn sie in der Anlage nicht vorhanden ist. So stoßen wir wieder an die Grenzen der Emanzipation.

Männer dagegen sollten sich ihres Aggressionspotentials bewußt werden. Sie sollten ihre Aggressionen steuern und zügeln lernen und auf positive Handlungen ausrichten. Aggression kann zerstörerisch, aber auch positiv, aufbauend sein. Mit der Dynamik des Aggressionspotentials kann in der Forschung, der Wirtschaft, im sozialen Engagement, in Umweltfragen (siehe Greenpeace) vieles in Gang gebracht werden, was zum Nutzen der Menschheit ist.

Sind sich die Frauen ihres Harmoniebedürfnisses und die Männer ihrer Aggressionsbereitschaft bewußt, können beide lernen, im Umgang miteinander diese Eigenschaften zu berücksichtigen. Sie können ein besseres Verständnis füreinander entwicklen und ihr gegenseitiges Verhalten überdenken. Manche Ehe könnte so erhalten werden, aus der die Frau im Rückzug herausgeht. Es ist bekannt, daß überwiegend Frauen die Scheidung einreichen. Männer halten eine eheliche Kampfsituation länger aus.

Es ist sicher unzutreffend, daß das gesamte Aggressionsverhalten nur anerzogen ist und durch Vorbilder tradiert wird. Dann wäre die historische und transkulturelle Entwicklung der Menschheit viel variabler.

Sigmund Freud schrieb im September 1932 an Einstein im Rahmen von Erörterungen der Möglichkeiten zur Abwendung eines Krieges: »Interessenkonflikte unter den Menschen werden also prinzipiell durch die Anwendung von Gewalt entschieden. So ist es im ganzen Tierreich, von dem der Mensch sich nicht ausschließen sollte; für den Menschen kommen allerdings noch Meinungskonflikte hinzu, die bis zu den höchsten Höhen und Abstraktionen reichen und eine andere Technik der Entscheidung zu fordern scheinen. Aber das ist eine spätere Komplikation. Anfänglich in einer kleinen

Menschenhorde entschied die stärkere Muskelkraft darüber, wem etwas gehören oder wessen Wille zur Ausführung gebracht werden sollte. Muskelkraft verstärkt und ersetzt sich bald durch den Gebrauch von Werkzeugen; es siegt, wer die besseren Waffen hat oder sie geschickter verwendet. Mit der Einführung der Waffe beginnt bereits die geistige Überlegenheit die Stelle der rohen Muskelkraft einzunehmen; die Endabsicht des Kampfes bleibt die nämliche, der eine Teil soll durch die Schädigung, die er erfährt, und durch die Lähmung seiner Kräfte gezwungen werden, seinen Anspruch oder Widerspruch aufzugeben. Dies wird am gründlichsten erreicht, wenn die Gewalt den Gegner dauernd beseitigt, also tötet.«[15])

Freud postulierte auch den Todestrieb oder Destruktionstrieb, also Aggressionstrieb als Gegenpol zum Eros, dem Lebenstrieb, die sich beide auch in bestimmten Bereichen überschneiden können. Er erwähnte auch unsere Ohnmacht gegen den Krieg aufgrund der angeborenen Triebdynamik; aber auch er wie Einstein unterstützten Friedensbewegungen, um immer wieder an das Positive zu appellieren und um eine geistige Steuerung der destruktiven Triebe durch moralisches Bewußtsein zu fördern.

Wir sollten uns der Verantwortung bewußt werden, die wir in der Erziehung haben. Die Aufgabe der Erziehung ist es, angeborene Verhaltensdispositionen zu modifizieren und zu positiven konstruktivem Wirken umzuformen. Dazu gehört unbedingt, Filme von Gewalt zu verbieten, insbesondere für Jugendliche. Sie verstärken in ihrer Beispielfunktion angeborene Handlungsimpulse; durch Identifikation kommt es zur gefährlichen

---

15) Albert Einstein: Über den Frieden, S. 209

Nachahmung mit katastrophalen Folgen von Gewalt. Eine gelungene positive Beeinflussung sehen wir im sportlichen Wettkampf, bei dem sich unter kontrollierten Bedingungen der Aggressionstrieb austoben kann. Man denke nur an die Massenbegeisterung für den Fußball! Ideale und Ziele schaffen, für die sich Kinder und Jugendliche mit all ihrer Kraft und ihren Triebimpulsen einsetzen können, wäre ein Beitrag zur Reduzierung nutzloser destruktiver Gewalt. Männlichen Jugendlichen im Rahmen von heroischen guten Taten Selbstbewußtsein und Bedeutung vermitteln müßte gefördert werden, um sinnloser Gewalt Einhalt zu gebieten.

In unserer Kultur haben wir zahlreiche aggressionsdämpfende Verhaltensweisen entwickelt. Das sind beispielsweise Beschwichtigungs- und Demutsgebärden, laut Konrad Lorenz »moralanaloge« Verhaltensweisen, von denen ein Repertoire schon den Tieren angeboren ist. Auch wir Menschen unterliegen entsprechenden genetischen Verhaltensmustern. So macht man sich kleiner, wenn man sich unterwirft. Das kann eine Verbeugung oder ein Kniefall sein. Menschen weinen und klagen in verschiedenen Kulturen auf gleiche Art und Weise, um zu beschwichtigen. Es wird Hilflosigkeit und Schwäche demonstriert, die Arme werden beim Ergeben hochgehoben, Kopf und Augen bei Unterwerfung gesenkt, eine Entschuldigung wird gestammelt, Gebrechen werden vorgezeigt oder vorgespielt und kindliches Verhalten wird imitiert, das Betreuung und nicht Aggression erweckt. So werden Kinder als friedenstiftende Symbolfiguren im gesellschaftlichen Leben eingesetzt, wie zum Beispiel bei großen internationalen Festen oder bei Empfängen von Politikern. Jedoch auch unser Lächeln ist nicht zu vergessen. Irenäus Eibl-Eibesfeld sagt: *»Unser wichtigstes freundliches Signal ist das Lächeln.«*[16]) Es entwaffnet und setzt die primitive Fremd = Feind Assoziation außer Kraft. Wir können uns mit völlig Fremden über das Lächeln anfreunden. Das Lächeln ist uns angeboren. Selbst Taubblinde lächeln in gleicher Weise wie alle anderen.

So haben wir ein angeborenes Repertoire an Verhaltensweisen, die Aggressionen abbauen. Sie verhindern aber nicht das Entstehen von Aggressionen und genügen auch nicht, sie unter Kontrolle zu bekommen. Sie funktionieren am besten in der einzelnen zwischenmenschlichen Beziehung. Dafür hat die Natur uns am ehesten ausgestattet. Für die raffinierten Aggressionsmittel, die der menschliche Geist erfunden hat, genügen sie nicht mehr. In nahezu allen Kulturen herrscht so auch das moralische Gebot: »Du sollst nicht töten.« Aber wie differenziert wird das öffentlich durch Ausnahmeerklärungen umgangen.

Der Mensch hat die Aufgabe, die Aggressionsbereitschaften zu kontrollieren und sich um das Positive zu bemühen. Ansätze sind vielfach da, die weiter ausgebaut werden müssen, wobei Frauen möglicherweise bessere Lösungsstrategien entwickeln können als Männer. Ständiges Bemühen ist nötig, auch wenn wir in der Vergangenheit sahen, wie schwach eine Friedensbewegung ist, die dem menschlichen Geist, dem Humanismus, entspringt, gegen die Urgewalt der Aggression, die, in Massen zusammengeballt, verheerende Vernichtung bringt. Die sinnvolle natürliche Ordnung, in der die Aggression als Mittel zur Nahrungs- und Territorialbeschaffung und zur Abwehr von Freßfeinden einen Platz hat, wird ver-

---

[16]) Irenäus Eibl-Eibesfeld, Liebe und Haß, S. 113

lassen. In der Natur ist die Aggression, wenn das Aggressionsziel erreicht ist, begrenzt. Beim Menschen verbindet sich der Geist und sein freier Wille mit den Triebimpulsen zu ungesteuerten, gewaltigen Aggressionen, die in Katastrophen münden, wenn soziale und kulturelle Kontrollinstanzen versagen.

## Dominanzstreben

Die männliche Dominanz ist zu allen Zeiten, in allen Kulturen und allen Gesellschaftsformen unverkennbar. Die biologisch gegebene größere Körperkraft und Stärke, gepaart mit einer höheren Aggressionsbereitschaft, wie dies bereits dargelegt wurde, prädestinieren dazu, in der Rangfolge eine hohe Stufe einzunehmen. Durch sein Aggressionspotential ist der Mann bereit, sich in Rang- und Machtkämpfen auseinanderzusetzen und seine Stärke unter Beweis zu stellen, was sein Gefühl von Potenz erhöht. Biologische Faktoren, die im ersten Teil dieses Buches im Kapitel »Rangordnung« dargestellt wurden, haben hierbei große soziale Auswirkungen.

Man denke nur an die Rang- und Machtkämpfe im Berufsleben, in der Wirtschaft, in der Politik. Die Frau ist biologisch für diese Auseinandersetzungen nicht ausgestattet. Ihr Harmoniebedürfnis ist größer, sie ist toleranter, umsorgt gern, hat mehr Verständnis für das Gegenüber und gibt dadurch schnell nach. Sie sucht nach Kommunikation und nicht nach Konfrontation. Der Wille zur Macht fehlt ihr meistens. Sie überläßt die Rangkämpfe den Männern und zieht sich zurück. Dadurch erreichen die Männer im öffentlichen Leben die Dominanz, und das Patriarchat bleibt erhalten.

Interessant ist das von Hans Eysenck in seinem *Partnerbuch* beschriebene Kibbuzexperiment, das von dem amerikanischen Anthropologen Melford E. Spiro in Israel beobachtet wurde: Man begann mit einer völligen Gleichstellung von Mann und Frau in allen Aufgabenbereichen, einschließlich der Kindererziehung. Jedoch nach einiger Zeit war die traditionelle Arbeitsteilung wieder hergestellt: 88 % der Frauen waren mit Dienstleistungen, Kinderbetreuung, Schulwesen und mit sozialen Problemen wie Kranken- und Altenbetreuung beschäftigt. Die Arbeit mit Traktoren auf den Feldern war ihnen zu hart. Sie hatten Fehlgeburten. Außerdem wollten sie sich um ihre Kinder kümmern. Das war ihnen auch wichtiger als die Politik. So zogen sie sich aus den Bereichen Verwaltung und Leitung zurück. Politik war ihnen weniger wichtig als die Familie. Die Männer übernahmen folglich wieder die Führung im Kibbuz. Das entspricht den Beobachtungen der heutigen Zeit: Es bemühen sich nicht gerade viele Frauen um hohe Positionen in der Politik oder in der Wirtschaft. Es zeigt sich die starke Dynamik der angeborenen Reaktionsweisen, durch die wir biologisch determiniert sind und die unserer Emanzipation Grenzen setzt.

Bei allen Diskussionen um die Emanzipation der Frau, bei Quotenregelung und Eröffnung von Berufskarrieren ist es schwierig, genügend Frauen zu finden, die sich dieser Herausforderung stellen wollen. Die meisten Frauen ziehen die Sorge um Familie und Kinder einer Berufskarriere vor. Damit überlassen sie die Dominanz im gesellschaftlichen und politischen Bereich dem Mann, und sie fühlen sich in der Regel wohl dabei. Voraussetzung dazu ist allerdings, daß die Männer ihre Macht nicht mißbrauchen, den Frauen Achtung entgegenbringen, sie nicht ausnützen, sondern ihnen gleiches Recht in allen gesellschaftlichen Belangen zugestehen. Das beinhaltet gleicher Lohn für gleiche Arbeit genauso wie Zugang zu Kunst, Kultur, Wissenschaft, zu allen Berufszweigen und allen Positionen, wenn eine Frau diesen Weg gehen will. Die Männer übernehmen mit der Dominanz eine Fürsorgepflicht, der sie im demokratischen Bewußtsein nachkommen müssen. Unter dieser Voraussetzung gestehen die Frauen in der überwiegenden Mehrzahl den Männern die Dominanz zu.

Alte Vorurteile und tradierte Verhaltensweisen müssen überdacht werden und einer toleranten Haltung Platz machen. Als Beispiel: Wenn eine Frau sich entschließt, ihren Beruf aufzugeben, um Haushalt und Kinderbetreuung zu übernehmen, solange dies nötig ist, muß der Mann bereit sein, ihr bei dieser Arbeit zu helfen, da sie mit einer Sieben-Tage-Woche überfordert ist. Das bedeutet, alte Rollenklischees müssen differenziert, neu bewertet und demokratisch gehandhabt werden, auch wenn die Prävalenz von bestimmten Verhaltensweisen biologisch vorgegeben ist.

Frauen haben durchaus ihre Stärken, die die Männer respektieren können. Ihre Intelligenz, wenn man global hiervon überhaupt sprechen kann, ist gleichwertig mit der des Mannes, jedoch mit anderen Schwerpunkten. Dazu kommt jedoch ihre Sensibilität, ein Gespür für Menschen und Situationen, an dem es dem Mann oft mangelt. Ihre Befähigung im nonverbalen Bereich ist biologisch begründet. Sie ist eine Ausstattung für die Versorgung des Kleinstkindes. In der Bewältigung von Alltagsproblemen sind die Frauen den Männern durch ihre Vielseitigkeit in der Regel überlegen. Sie dominieren daher oft im häuslichen Bereich. Auch in der Arbeitswelt stellen sie durch diese Fähigkeiten eine

Bereicherung dar. Im Geschäftsleben sind Frauen loyaler, Intrigen zur eigenen Erhöhung sind ihnen weitgehend fremd. Im Können sind sie für die Männer eine ebenbürtige Konkurrenz, lediglich an Durchsetzungsvermögen und -willen mangelt es den meisten Frauen, so daß sie hohe Positionen seltener erreichen. Eine Spitzenmanagerin in Deutschland schilderte kürzlich im Fernsehen, daß sie von Männern aufgrund ihres Könnens animiert wurde, sich für den Spitzenposten zu bewerben. Das ist typisch weiblich. Frauen fordern grundsätzlich weniger für sich selbst!

Viele Frauen streben nicht nach Spitzenpositionen. Statusdenken ist ihnen in der Regel fremd. Sich in exponierter Stellung zu bewähren und behaupten zu müssen, fällt ihnen auch deutlich schwerer als den Männern. In Frauenvereinen ist es oft schwierig, eine Vorsitzende zu finden. Nicht die Übernahme der Verantwortung, sondern die Angreifbarkeit ist das Problem. Durch die herausragende Stellung ist man die Zielscheibe des Angriffs der anderen. Das fordert Lust und Kraft zur Auseinandersetzung, an der die meisten Frauen kein Interesse haben.

Die verschiedenen Sprachstile von Männern und Frauen wurden im ersten Teil bereits beschrieben. Für die Frage der Dominanz ist folgendes wichtig: die Frauen vermeiden in Diskussionen Angeberei und spielen ihr Wissen eher zugunsten der Kommunikation herunter. Aus Statusperspektive sind sie dadurch unterlegen. Sie diskutieren in der Regel nicht aggressiv genug, der Sprachstil ist zu weich, zu sehr auf Verstehen, zu wenig auf Angriff ausgerichtet. Männer stellen ihr Wissen und Können dar, das ist für sie selbstverständlich. Sie exponieren sich, indem sie auf Beziehungen zu ranghöheren oder bekannten Leuten anspielen und materiellen Status zeigen.

Frauen hören bei Gesprächen den Monologen der Männer eher zu, sie unterbrechen sie weniger und greifen die Behauptungen der Männer weniger an. Sie praktizieren auch im Sprachstil Kommunikation und nicht Konfrontation. Männer stellen eher Forderungen und Behauptungen ohne Begründung auf, während Frauen eher zum Aushandeln von Positionen neigen, wie die Linguistin Deborah Tannen herausfand. Schon bei 4 – 5-jährigen Kindern zeigt sich das. Deborah Tannen führt das Untersuchungsergebnis von Jaqueline Sachs an, die zeigte, daß bei einem geplanten Doktorspiel 79% der Jungen Doktor sein wollten. Sie stellten ihre Forderung, indem sie sagten: »Ich bin der Doktor«. Es folgten lange Debatten, wer diese hochrangige Person sein darf. Sie weigerten sich, Patient oder Kind zu sein. Schließlich wurde bestimmt. Die Mädchen dagegen fragten sich gegenseitig, welche Rolle sie spielen möchten: »Möchtest du jetzt mal Patient sein?« Sie versuchten abzuwechseln oder Lösungen zu finden wie »Du bist der Doktor für dein Baby, ich der für meines, jetzt können wir beide Doktor sein.« Das bewirkt eine statusgleiche, symmetrische Beziehungsebene, die für sie wichtig ist.

Das öffentliche Reden fällt Frauen schwerer. So melden sich Frauen bei öffentlichen Diskussionen weit weniger zu Wort, auch an Universitäten. Das zeigten die Forschungen der Linguisten. Was nutzt den Frauen Sachverstand, wenn sie nicht die Strategien haben, ihn zu demonstrieren! Hierbei können Frauen von Männern lernen. Sie können sich verbessern, auch wenn sie nie die Lust zur Auseinandersetzung derart verspüren werden wie Männer, denn sie haben nun einmal die Tendenz, nach Übereinstimmung zu suchen. In Konflikten sehen sie eine Bedrohung der Bindung, die sie auf jeden Fall vermeiden wollen. Dadurch tragen sie Meinungsverschiedenheiten nicht gern in direkter Konfrontation aus. Für Männer sind dagegen Konflikte ein Mittel zum Aushandeln ihres Status. Diese sind nicht bösartig zu interpretieren. Es gibt bei Männern durchaus die rituelle Bedeutung freundschaftlicher Aggression, beispielsweise im Wettstreit, während sich bei Frauen unter der scheinbaren Übereinstimmung auch tiefgreifende Meinungsverschiedenheiten verbergen können. Für Männer und Frauen sind die gegenseitigen Strategien oft verwirrend. Männer sagen: »Leg' doch alles offen auf den Tisch, was du willst«, und Frauen sagen: »Wie kann man nur so hart und gefühllos streiten«, was Männer nicht so empfinden. Sie wissen oft nicht, warum sie eine Frau verletzen. Frauen neigen dazu, vieles durch die Blume zu sagen, das heißt fachlich, sie geben Metamitteilungen, Botschaften, die zwischen den Worten herauszuhören sind, die bei Männern jedoch oft nicht ankommen. Dafür haben sie keine Antenne. Dieses Interaktionsverhalten mit dem zu wenig offenen aggressiven Diskussionsstil führt bei Frauen zwangsläufig zu einer unterlegenen Position.

Männer brauchen für ihr Bewußtsein von Männlichkeit, das immer mit Potenz als Können und Kraft im weitesten Sinn gekoppelt ist, ein Gefühl von Kompetenz, Stärke und Dominanz, worauf Frauen auch durchaus ansprechen. Daher ist das Dominanzstreben für Männer so wichtig. Natürlich ist es naheliegend, daß mit diesem Dominanzstreben der Schwächere unterdrückt wird, wie das jahrhundertelang mit den Frauen geschah. Daher brauchen die Frauen Unterstützung von den Randgruppen ihres Geschlechts, die viele männliche Eigenschaften haben, bei Rangkämpfen mitstreiten und Machtpositionen erringen, wodurch sie die Rechte der Frauen vertreten können.

Auffallend ist, daß Männern allgemein mehr Kompetenz zugebilligt wird. Das sei an folgendem Beispiel verdeutlicht: Ein Patient im Krankenhaus wird von einem jungen Arzt oder einer jungen Ärztin betreut. Er fühlt sich überwiegend bei dem jungen Arzt besser aufgehoben, obwohl er objektiv über dessen Fähigkeiten nichts aussagen kann. Das mag daran liegen, daß in der Regel der Mann einen kräftigeren Körperbau hat, der durch eine sonore Stimme unterstrichen wird, und er in der gesamten Psychomotorik, das ist die Körperhaltung und der Ausdruck, kompetenter auftritt. Er unterstreicht durch das Auftreten seinen Status. Das sehen wir auch täglich im Fernsehen bei Politikern, die mit erhobenem Kopf, aufrechter Haltung, fester Stimme und großen Schritten daherkommen, während Frauen sich natürlich bewegen und nicht den Hang haben, sich alleine durch ihr Auftreten zu exponieren. So haben auch große, stark gebaute Männer bessere Chancen, eine Führungsposition zu übernehmen, als kleine schmächtige. Diese müssen sich mühsam durch ihre Fähigkeiten profilieren, so wie dies auch Frauen tun müssen. So signalisiert alleine die Ausdruckskraft des Körpers Stärke und damit Kompetenz, auf die wir Menschen unbewußt ansprechen, auch wenn die Ratio andere Kriterien sinnvoll erscheinen läßt.

Frauen sind oft zufrieden mit einer Teilzeittätigkeit. Das reicht, um ein eigenes Einkommen zu haben, das ihnen Selbstbewußtsein und Unabhängigkeit gibt und ihnen die Teilnahme am außerhäuslichen gesellschaftlichen Leben ermöglicht. Es ist ein Irrtum, den Frauen einzureden, daß nur eine Berufskarriere sie glücklich macht. Jeder Frau muß dieser Weg offenstehen, aber die wenigsten streben ihn an. Frauen sind glücklicher, wenn sie sich auf die Fürsorge eines zuverlässigen Mannes verlassen können, der sie nicht einengt und ihnen die Entfaltung ihrer Persönlichkeit zugesteht. Die Dominanz des Mannes geht aus der Beschützerfunktion hervor, die der Mann behalten soll. Das gilt für die überwiegende Mehrzahl der Frauen. Die Natur ist allerdings so variabel und vielgestaltig, daß es auch fließende Übergänge von männlichen und weiblichen Charaktereigenschaften in beiden Geschlechtern gibt. Es wurde bereits darauf hingewiesen, daß Männer über Jahrhunderte ihre Dominanz mißbraucht und Frauen unsäglich unterdrückt haben. Erst starke Frauen mit kämpferischen Eigenschaften konnten aus dieser Misere heraushelfen und die Rechte der Frauen einfordern.

Bis heute ist die finanzielle Stellung der Hausfrau allerdings noch sehr unsicher. Die Familie als Ganzes zu sehen, die eine arbeitsteilige Gemeinschaft darstellt, in der auch das Einkommen des Mannes der Gemeinschaft gehört, fällt vielen Männer schwer. Viele denken, das ist »meine« Familie, nicht »unsere«, und »mein« Geld, was ich nach Belieben einsetze. Sie bringen damit die Frau in eine unwürdige Abhängigkeit, die nicht mehr zeitgemäß ist, aber noch vielfach praktiziert wird. Hier muß sich der Gesetzgeber etwas einfallen lassen, denn der Hang des Mannes zum Geld, zu Bezitz und Macht ist biologisch tief verankert.

Ein Naturgesetz ist es, daß die Gehorsamsbereitschaft zunimmt, je größer die Dominanz ist. Hierin liegt eine große Gefahr. Ist die Dominanz des Mannes zu groß, fügt sich die Frau zu sehr und wird unterdrückt. Es ist oft erstaunlich, daß Frauen von Männern jahrelang mißhandelt werden, trotzdem aber bei ihnen bleiben. Sie können sich vom Mann nicht lösen, weil seine Aggression seine Dominanz und Stärke unter Beweis stellt, die sie wiederum sehr schwächt und zur Unterlegenen macht, die beim Stärkeren Schutz sucht. Das ist ein Teufelskreis, aus dem sich die Frau aus eigener Kraft nicht mehr befreien kann. Es entsteht das Problem der Dominanzdistanz, die zwischen Mann und Frau nicht zu groß sein darf. Um dies zu verhindern, brauchen Frauen ein gewisses Maß an Selbständigkeit und eventuell ein eigenes Einkommen. Hierdurch wird ihre Position gestärkt.

Männer andererseits haben immer wieder Angst vor der Macht der Frauen. Diese könnte ihre Stärke in Frage stellen. Je emanzipierter und selbstbewußter eine Frau ist, um so schwieriger ist der Umgang zwischen ihr und einem Mann im privaten Bereich. Männer sind ratlos und stumm geworden, beinahe hilflos, in Anbetracht der neuen stärkeren Rolle der Frau. Sie suchen nach einer neuen Identität oder spielen prahlerisch den alten Macho. Dabei ist die Realität so einfach: ein Mann sollte das sein, was er immer war, ein zuverlässiger Partner und Beschützer. Auch die noch so emanzipierte Frau lehnt sich gerne an. Unechtes, unbegründetes und übertriebenes Selbstbewußtsein stößt allerdings Frauen ab. Frauen sind kritisch geworden. Sie verlangen Echtheit, Kommunikationsbereitschaft, Selbstkritik und Natürlichkeit.

Innerhalb einer Partnerschaft, zum Beispiel einer Ehe, kann es keine einseitige Dominanz mehr geben. Die Frau hörte auf, Dienerin zu sein, die zum Beispiel die achtlos weggeworfenen Socken ihres Mannes aufhebt, der dann bei Beschwerden von Seiten der Frau sagt: »Es gibt wichtigere Dinge als Socken.« Die Partnerschaft ist eine Zweierbeziehung, die von gegenseitiger Achtung getragen wird. Es wird Teildominanzen in dem einen oder anderen Bereich geben, je nachdem, wo jeder von beiden seine Stärken hat. Bei gegenseitiger Anerkennung ist auch gegenseitiges Dienen kein Problem. Nur die Einseitigkeit von Beherrschen und Dienen ist bei heutiger Wertvorstellung nicht mehr zu ertragen. Eine Bindung kann hierdurch zerbrechen. Gegenseitige Hilfen und gegenseitige Anerkennung der Stärken des anderen führen zu einem echten Vertrauensverhältnis und geben beiden Teilen die geborgene Sicherheit, die sie für das außerhäusliche Leben benötigen.

## Der Narzismus des Mannes und die Fürsorgebereitschaft der Frau

Der Begriff des *Narzismus* ist vieldeutig und schillernd. Er hängt aber immer mit dem eigenen Selbst zusammen, das im Mittelpunkt des Fühlens und Erlebens steht. In der Literatur wird Narzismus am ehesten im Sinne der Selbstgefälligkeit beschrieben. Tiefenpsychologisch ist er grundlegend definiert als Selbstliebe, wobei selbst Freud den Begriff sehr facettenreich verwendet. Er beinhaltet sowohl die Überzeugung von der eigenen Macht und Bedeutung als auch die Besorgnis um die eigene körperliche Vitalität und Integrität. Das Bedürfnis geliebt zu werden übersteigt in der Regel dasjenige zu lieben, denn hierdurch entsteht ein Ich-Zuwachs im Sinne der Erhöhung des Selbstwertgefühls. Die Verletzlichkeit und Kränkbarkeit ist groß. Kritik und Selbstkritik werden abgewehrt, denn hierdurch könnte das eigene Ich geschwächt werden: »Ich bin in Ordnung, die Fehler liegen bei dir.« Es wird Selbstsicherheit zur Schau getragen, die jedoch eine fortwährende Bestätigung und Bewunderung benötigt. Der andere wird herabgesetzt, um das eigene Ich nicht zu gefährden. Es fällt dem Narzisten äußerst schwer, den anderen als eine von ihm unabhängige autonome Person zu akzeptieren und zu tolerieren, egal wie diese zu ihm steht. Wird er vom anderen akzeptiert, ist der andere auch für ihn in Ordnung.

Erkennen wir nicht in diesen grundlegenden Beschreibungen des Narzisten die Verhaltensweisen vieler Männer?

Wilfried Wieck hat in seinem Buch *Männer lassen lieben* sehr treffend die Beziehungen von Männern und Frauen geschildert. Männer erwarten ständige Liebe, Fürsorge und Verständnis von Frauen. Sie kommen abends angeblich müde nach Hause und wollen mit Problemen und Sorgen der Frau in Ruhe gelassen werden. Deren Gefühle und mögliche Frustrationen werten sie als unsachlich ab, verlangen aber ständiges Einfühlungsvermögen und Rücksichtnahme auf ihre eigenen Bedürfnisse. Sie erwarten, daß sie abends einer strahlenden Frau begegnen, deren Glück darin besteht, den Mann zu sehen, ihn zu verwöhnen und für ihn in jeder Hinsicht dazusein. Interesse am Gefühlsleben der Frau wird in der Regel nicht gezeigt. Ihr Gefühlsleben ist für ihn sowieso ein Buch mit sieben Siegeln. Selbst Ortega y Gasset soll gesagt haben: »Die Frau hat das zu empfinden, was Männer spüren, tut sie das nicht, ist sie nicht normal.« Einfühlungsvermögen in den anderen ist für Männer oft ein Fremdwort.

Mit der eigenen Gefühlswelt gehen die Männer folgendermaßen um: Entweder sie sind gefühlsreich, wobei wesentliche Anteile sexuell bedingt sind, und übertragen dann ihre eigenen Gefühle auf die Frau, ohne deren Gefühle wahrzunehmen, oder sie negieren die Gefühlswelt völlig, lassen sich treiben, wollen die Gefühle nicht wahrnehmen und sich schon gar nicht mit ihnen auseinandersetzen. Sicher sind sie biologisch schlechter für den Umgang mit Gefühlen ausgestattet, insbesondere für den Umgang mit Gefühlen anderer im Sinne des Einfühlungsvermögens. Es wäre sonst kaum denkbar, mit welcher Naivität Männer ihre eigenen Frauen verletzen können. Als Beispiel: Ein Mann betrügt seine Frau, womit er ihr eine tiefe seelische Wunde zufügt. Ihr Lebensbild von einer harmonischen Familie und einer vertrauensvollen Ehe bricht zusammen, sie fühlt sich gekränkt, mißachtet, abgelegt. In dieser Situation bringt es der Mann oft genug fertig, zu erwarten, daß seine Frau ihn bei Sorgen und Nöten im Umgang mit seiner Geliebten auch noch tröstet. Er merkt offenbar überhaupt nicht, wie sehr er seine Frau verletzt hat und noch weiter verletzt. Er erwartet von ihr mütterliche Gefühle und Verzeihung.

Andererseits ist er tief gekränkt, wird er von seiner Frau oder einer Geliebten verlassen, insbesondere, wenn ein anderer Mann im Spiel ist. Der Liebesverlust schmerzt ihn auch, aber noch mehr trifft ihn der unglaublich gekränkte Stolz. Ein anderer Mann hat ihn ausgebootet, war besser, wurde ihm vorgezogen. Hierbei meldet sich mit Vehemenz das Ego, das Rangstreben, die Kampfbereitschaft. Ungaubliche Aggressionen entstehen, die sogar zu Morden und Suiziden führen können.

Wenn Frauen in solchen Situationen verzweifeln, dann sind die Gründe anders gelagert. Im Vordergrund steht der Verlust des Geliebten oder in der Ehe auch der Verlust der Lebensgrundlage. Es war die Sorge für den Mann, die Kinder, die Familie, die als Lebensinhalt im Vordergrund standen. Trennung nach langjähriger Verbindung ruft bei vielen Frauen ein Gefühl hervor, als würde ihnen der Boden unter den Füßen weggerissen; liebten sie den Mann, ist es, als sei ein Teil von ihnen selbst mit großen Schmerzen abhanden gekommen.

Der Umgang mit den eigenen Töchtern ist bei Männern auch allzuoft taktlos. Mädchen realisieren im Zuge der erwachenden Sexualität, der Pubertät, daß Väter Männer sind und sie selbst Frauen. Sie distanzieren sich von den Vätern, was diese oft gar nicht verstehen können. Andererseits gestehen sich viele Väter auch nicht ein, daß ihre eigenen Gefühle zu den Töchtern stark sexuell geprägt sind. Sie wollen Berührungen und Zärtlichkeiten, beispielsweise ein Küßchen wie bei einem dreijährigen Kind, und bilden sich ein, das müsse auch für die Mädchen schön sein. Sie sind frustriert, wird es ihnen verwehrt; die Töchter dagegen fühlen sich sexuell belästigt. Wie wichtig die dringend nötige Distanz in diesem Lebensalter ist, sollten die Männer erkennen lernen. Mütter dürfen das Verhalten der Väter nicht verstehend entschuldigen. Die Medien sind durch die Aufklärung über sexuellen Mißbrauch von Kindern und Jugendlichen auf ihrer Seite. Erst durch die Medienarbeit haben viele Betroffene den Mut gefunden, über sexuellen Mißbrauch in ihrer Kinder- und Jugendzeit zu sprechen. Es wird offenbar, in welch großem Ausmaß dieser von den eigenen vertrauensvoll erscheinenden Vätern und nahestehenden Personen ausgeübt wird. Aus Scham wurde von den Betroffenen geschwiegen, und viele Mütter waren blind, weil sie das Unglaubliche nicht für möglich hielten.

Auch in vielen Dingen des Alltags geht der Mann mit den Bedürfnissen der Frau sorglos um. Wenn beispielsweise beide fernsehen, nimmt er oft selbstverständlich die Fernbedienung an sich und schaltet die Programme nach eigenen Wünschen um. Dabei scheint er überhaupt nicht zu bemerken, daß ein anderer Mensch mit eigenen Wünschen im Raum ist.

Macht er Geschenke oder tut etwas für andere, erwartet er in der Regel besondere Aufmerksamkeit und Dank dafür. Dies gilt auch für die Erledigung im Haus regelmäßig anfallender Arbeiten. Er muß für jede Tätigkeit gelobt werden, sonst läßt seine Aktivität bald nach. Er fühlt sich mißachtet und ungeliebt.

Zu Hause lassen sich viele Männer gehen: Sie achten nicht besonders auf ihr Äußeres, sind mürrisch, wenn sie mit sich und der Welt unzufrieden sind; dabei denken sie nicht daran, sich für die Frau zusammenzunehmen, was umgekehrt erwartet wird. Kaum sind sie in der Öffentlichkeit, stellen sie den strahlenden Helden dar, voller Spannkraft und Elastizität, den jeder einfach bewundern muß. Die Frau wird beneidet wegen des tollen Mannes, und keiner weiß, wie es hinter den Kulissen aussieht. Die Frauen schweigen aus Loyalität.

Mit Übergewicht fühlen sich viele Männer noch gut und wichtig, denn Körperfülle setzen sie mit Stärke gleich. Sie denken nicht daran, der Frau zu Gefallen abzunehmen. Nehmen sie ab, dann für sich selbst, aus Angst vor Herzinfarkt und anderen Krankheiten, und damit sie sich besser fühlen. Von der Frau erwarten sie aber, daß sie für ihn Diät hält und eine gute Figur hat, um für ihn attraktiv zu sein. Diese Forderung erfüllen die Frauen oft auch bereitwillig.

Sobald eine Frau ihren Mann kritisiert, ist das für ihn eine große Kränkung. Er fühlt sich nicht mehr geliebt und abgewiesen. Es resultiert daraus Beleidigtsein mit manchmal tagelangem Schweigen. Oft genug lenkt die Frau ein, die Spannungen schlecht ertragen kann. Zukünftig hält sie sich mit Kritik zurück, und Unzufriedenheiten bleiben unausgesprochen. Sie gären unter der Oberfläche; es kann kein konstruktiv klärendes Gespräch erfolgen.

Die sexuellen Bedürfnisse des Mannes müssen befriedigt werden. Kommt die Frau ihnen nicht nach, gilt sie als frigide oder nicht normal. Er schimpft – aber spricht nicht mit ihr. Also gibt sie ihrem Harmoniebedürfnis nach, macht mit, läßt sich gebrauchen und fühlt sich elend und ausgenutzt, was ihrer Libido sicher nicht dienlich ist. Der Mann aber ist zufrieden und merkt überhaupt nicht, was er anrichtet. Er glaubt, die Frau ist glücklich, wenn er glücklich ist. Er erfaßt die Situation nicht und gestaltet sie folglich in der Zukunft auch nicht anders.

Warum sind Männer oft derartige Narzisten? Warum lassen die Frauen sich so behandeln?

Es ist kaum vorstellbar, daß alle Männer Neurotiker sind. Aus tiefenpsychologischer Sicht wird das beim Narzisten impliziert. Es setzt eine Unreife und mangelnde Ich-Stärke voraus, die kompensiert wird. Bei der Frau müßte ein mangelndes Durchsetzungsvermögen für eigene Anspüche vorliegen, um die Verhaltensweisen des Mannes zu tolerieren. Dies alles soll anerzogen sein durch falsche Wertvorstellungen und negative Vorbilder. Das erscheint bei der Häufigkeit des Vorkommens unwahrscheinlich. Der Narzismus hat sicher mit der Pflege des eigenen Ichs im Sinne der Potenz zu tun. Das Ich bekommt hierdurch eine Wertigkeit, die dem Statusdenken zugeordnet ist. Dem liegt folglich eine angeborene triebdynamische Komponente zugrunde. Das führt zum besseren Verständnis des männlichen Verhaltens, das sicher nach heutigen Wertvorstellungen durch die Erziehung korrigiert werden sollte. Frauen können durch Verständnis aber auch verstehen und verzeihen, was das Zusammenleben erleichtert.

Die mangelnde Fähigkeit des Mannes zur Einfühlung

ist biologisch begründet. Rücksichtnahme kann man lernen und anerziehen, Einfühlungsvermögen nicht. Dieses setzt die Fähigkeit voraus, die eigene Identität aufzugeben und sich in das Fühlen und Denken eines anderen Menschen hineinzuversetzen. Die Frau braucht biologisch diese Fähigkeit für das Erkennen und Verstehen der Bedürfnisse des Säuglings, der so hilflos geboren wird wie kein anderes Lebewesen. Ihr ist daher diese Fähigkeit angeboren. Ebenso ist ihr die Selbstlosigkeit, das Zurückstellen der eigenen Bedürfnisse angeboren. Es ist der Muttertrieb, der arterhaltend genetisch fest verankert ist. Daher ist die Frau von Natur aus bereiter, selbstloser zu handeln als der Mann. Sie versteht ihn, sie fühlt seine Bedürfnisse und kennt ihn manchmal besser als er sich selbst. Wie bei einem Kind erfüllt sie seine Wünsche, stellt ihre eigenen zurück und umsorgt ihn.

Da inzwischen jedoch ein Wertewandel eingesetzt hat, der der Frau Selbstbewußtsein zugesteht, stellen die Frauen zunehmend auch Forderungen an den Mann. Diese betreffen nicht materielle Dinge, sondern Verständnis, Teilnahme an ihren Problemen und an ihrem Leben.

Diese Forderungen durchzusetzen fällt den Frauen im Alltag unendlich schwer. Sie haben ein schlechtes Gewissen, wenn sie einem anderen Wesen weh tun, oder Angst vor dem Kontaktabbruch und vor dem Alleinsein. Andererseits können sie den Widerstand der Männer vernunftmäßig nicht brechen. Sie sind frustriert, haben Depressionen, und eines Tages gehen sie doch – zur Überraschung des Mannes, der nicht gemerkt hat, wie groß der Leidensdruck der Frau war. Andererseits müssen Frauen erkennen, daß Männer keine Babys sind. Sie dürfen ihnen Einhalt gebieten, um sie in ihre Grenzen zu weisen. Auch einem Kind versagt man unmäßige Forderungen.

Auch bei der Kindererziehung zeigt sich, daß Väter oft hart und weniger einfühlsam sind. Mütter erfassen die Nöte der Kinder besser und sind daher in der Regel nachgiebiger und weicher. Ihre Bindung zu den Kindern ist oft inniger. Sie beweist sich auch in schwierigen Zeiten der Kinder, wie in der Pubertät, in der den Eltern viele Aggressionen und Feindschaft entgegengebracht werden. Oft reagieren Väter sehr hart, sind sogar in der Lage, die Kinder aus dem Haus zu werfen. Anders die Mütter, deren Verbindung zum Kind in der Regel so groß ist, daß sie auch diese schwere Zeit übersteht.

Die Frau betreut nicht nur ihre Kinder und ihren Mann, sie hat auch ein Herz und Verständnis für die Alten, Kranken und Hilfsbedürftigen. Sie kann auf sie eingehen und ihnen Trost spenden, was Männern sehr viel schwerer fällt. Diese regeln eher äußere Dinge. Die Gefühlssphäre ist für den Mann ein Dickicht, das er gerne meidet, da er von Natur aus hierfür zu wenig Orientierungsmöglichkeiten mitbekommen hat.

Frauen sind aufgrund ihrer mütterlichen Voraussetzungen selbstloser und hilfsbereiter als Männer. Sie wirken in der Regel unauffällig im stillen, wie selbstverständlich. Wenn Männer Gutes tun, wollen sie das bestätigt wissen, denn Hilfsbereitschaft ist eine moralisch hochbewertete Eigenschaft, die zur Ich-Erhöhung beiträgt. So schildern männliche *Service Clubs* (elitäre Clubs, die sich für humanitäre Aktionen einsetzen), ihre Aktivitäten regelmäßig in Tageszeitungen, um sich der Öffentlichkeit zu präsentieren, weibliche Clubs sind dagegen unbekannter.

Intuition, Gespür für Menschen und Situationen sind bei der Frau, wie wir bereits sahen, wesentlich ausgeprägter als beim Mann. So spüren Frauen auch Gefahren und Risiken früher als Männer, was von Vorteil sein kann, aber auch Nachteile mit sich bringt, denn sie sind dadurch vorsichtiger im Handeln. Männer haben durch ihre Arglosigkeit mehr Mut. Dazu kommt ein größeres Aggressionspotential und Dominanzstreben, so daß sie große Dinge anpacken und realisieren. Daher wurde die Welt hauptsächlich von den Männern gestaltet. Das zeigt sich nicht nur in der Politik, sondern auch in der Kunst, Wirtschaft und in vielen anderen Bereichen. Auch die Wissenschaft wurde von den Männern vorangetrieben, einmal, weil sie über Jahrhunderte allein Zugang zu Wissen und Bildung hatten, aber auch, weil sie monoman ihren Interessen folgen, wenn sie davon besessen sind. Die Bedürfnisse ihres sozialen Umfeldes, ja selbst die eigenen Bedürfnisse, nehmen sie dann kaum wahr. Dieses Verhalten kann eine Frau schwer realisieren. Es entwickeln sich sehr schnell Schuldgefühle, wenn sie die Bedürfnisse der Umgebung, die sie permanent spürt, nicht berücksichtigt. Ihr angeborenes Einfühlungsvermögen und ihre Fürsorgebereitschaft stehen der monomanen Tatkraft, die Großes bewirkt, entgegen. Um in Harmonie mit sich zu leben, geben die Frauen in der Regel Pläne auf, die eine narzistische Haltung verlangen. Das wird sich auch in Zukunft nur schwer ändern lassen. Beruhigend ist, daß es immer Ausnahmen gibt – Frauen, die männliche Eigenschaften haben oder die bewußt einen großen Weg einschlagen.

Durch ihre Einfühlsamkeit, ihre intellektuelle Bildung, verbunden mit lebenspraktischen Anlagen des Fürsorgeverhaltens, kommt die Frau jedoch im Leben alleine wesentlich besser zurecht als der Mann. Männer alleine sind auffallend hilflos. Nicht nur die Selbstversorgung mit Einkaufen, Kochen und Saubermachen, fällt ihnen schwer, sie sind auch innerlich einsam und isoliert. Sie sind kaum in der Lage, Freundschaften zu schließen, da diese über die Gefühlssphäre laufen müßten. Freundschaften zu Frauen gehen fast immer über die Sexualität. Mit anderen Männern bilden sie eher Interessengemeinschaften im Sinne der alten Kampfgemeinschaften. Echter Freundschaft steht ein ständiger, wenn auch unbewußter Konkurrenzkampf entgegen. Kein Mann gibt gern gegenüber einem anderen Mann Schwächen zu. Das gehört aber zu einer Freundschaft, daß auch Probleme besprochen werden können. Sogar eigene Schwächen einzugestehen, fällt den meisten Männern schwer. Sie fürchten Potenzverlust.

Um ihre biologische Aufgabe zu erfüllen, benötigen sie Stärke. Wir haben zuvor gesehen, daß bei allen Lebewesen die Männchen größer und kräftiger sind als die Weibchen. Wahrscheinlich ist den Männern angeboren, daß sie ein Bewußtsein von Stärke haben müssen, um sich biologisch als Mann zu fühlen. Hierin, verbunden mit dem mangelnden Einfühlungsvermögen, hat der Narzismus seine Ursachen.

In der heutigen Zeit, die kritischer geworden ist, müssen sich die Männer um wahre Stärke bemühen, nicht um demonstrierte, vorgegebene. Das ist wesentlich schwerer. Frauen wollen keine aufgeblasenen Hähne mehr, sondern Männer, die selbstkritisch sind und ihre Stärke in natürlichen Anlagen finden und in einer ethisch und moralisch positiven Haltung zur Geltung bringen. Sie fordern Zuverlässigkeit, Loyalität, Vertrauenswürdigkeit und Achtung der Würde von Frau und Kindern in der Familie, was sich bei vielen alltäglichen Kleinigkeiten zeigt. Sie müssen offen sein für Kritik gegenüber selbstverständlichen männlichen Egoismen und diese korrigieren.

Männer leben aber aus der Geborgenheit, die ihnen die Frau gibt. Männer ohne Frauen sterben früher, begehen häufiger Selbstmord als solche, die im Umfeld einer Frau leben. Das heißt, die Männer brauchen die Frauen nötiger als umgekehrt die Frauen die Männer. Es gibt heute viele Frauen, die eine Ehe ablehnen, weil sie sich durch den Narzismus der Männer ausgenutzt und mißbraucht fühlen, mit Männern nur Arbeit haben, ohne entsprechende Gegenleistung zu bekommen. Jetzt ist es an der Zeit, daß Männer endlich einmal selbstkritisch werden. Johann Wolfgang von Goethe war das schon. Er bekannte in seinem Gedicht an Charlotte vom Stein:

»Kanntest jeden Zug in meinem Wesen,
Spähtest, wie die reinste Nerve klingt,
Konntest mich mit einem Blicke lesen,
Den so schwer ein sterblich Aug` durchdringt;
Tropftest Mäßigung dem heißen Blute,
Richtetest den wirren, irren Lauf,
Und in Deinen Engelsarmen ruhte
die zerstörte Brust sich wieder auf.«[17])

## Das Bedürfnis nach Bindung

Bindungsbedürfnisse sehen wir bei vielen Lebewesen als Schutzfunktion für das Individuum. Im ersten Teil wurde dies bereits dargelegt. Verhaltensforscher sagen, der Bindetrieb sei die Appetenz des Lebewesens auf die Nähe der Artgenossen.

Bindung gibt das Gefühl von Geborgenheit, von Eingebettetsein in eine Gemeinschaft, die das Individuum

[17]) Zit. nach: Wilfried Wieck, Männer lassen lieben, S. 101

trägt und für das Individuum mit handelt. Bindung reduziert das Gefühl von Unsicherheit und Angst. Eine Gruppenzugehörigkeit entlastet und macht stark in dem Wissen der gemeinsamen Bewältigung von Lebensanforderungen.

Da die Bindung zum Überleben wichtig ist und das Individuum alleine auf verlorenem Posten steht, ist uns der Bindetrieb angeboren. Die biologische Grundkonzeption von Lebewesen tragen wir auch hierbei in uns.

Die erste Bindung besteht zwischen der Mutter und dem Säugling. Der Muttertrieb ist bei allen Säugetieren, wie auch bei dem Menschen, ein äußerst starker Bindetrieb, der von der Mutterliebe getragen wird. Ohne die selbstaufopfernde Bindung der Mutter an ihren Säugling könnte dieser nicht überleben. Mutter und Kind wiederum könnten nicht überleben, wenn nicht Dritte für sie sorgten. Das ist naturgegeben der Vater, der Schutz, Nahrung und Sicherheit gewährleistet. Bei Abwesenheit wird er bei uns von der sozialen Gemeinschaft, dem Staat oder der Familie vertreten.

Aus der biologischen Notwendigkeit heraus sind auch die Bindungsbedürfnisse zwischen Mann und Frau angeboren und stark. Nach einer jugendlichen Phase des Suchens, die bei Männern länger dauert als bei Frauen, wollen beide Seiten eine Bindung eingehen. Gibt eine Frau sich einem Mann liebend hin, wünscht sie immer eine Bindung. Temporäres Sexvergnügen widerstebt der Mehrzahl der Frauen. Sie wollen nicht nur einmal geliebt werden, sondern eine Beziehung zu einem Partner aufbauen. Dies hat biologisch seinen Sinn darin, daß sie den Mann für die Aufzucht der Nachkommen benötigen. Auch wenn die Pille seit Jahren mehr Freiheiten gibt, fühlen sich die Frauen beim Ausleben dieser Freiheiten nicht wohl. Ihre Natur strebt nach Bindung.

Männer sind grundsätzlich sexuell lockerer, suchen aber ab einer gewissen Reife auch eine Dauerpartnerschaft. Der Bindungswille ist auch Teil ihrer Natur, denn Bindung in Partnerschaft vermittelt auch ihnen Schutz und Stärke. In einer Bindung will der Mann jedoch immer er selbst bleiben und durch die Beziehung seine subjektive Position noch verbessen, während die Frau eine Partnerschaft anstrebt.

Lebensgeschichtliche Erfahrungen beeinflussen durchaus die Stärke des Bindungsbedürfnisses. Frühe Trennungserlebnisse führen zu Verlustängsten. Durch Bindungsabbrüche, zum Beispiel durch eine zu frühe Trennung von der Mutter, wird der reifende Mensch in seiner Entwicklung verunsichert, Geborgenheitsgefühl und Urvertauen gehen verloren, Lebensängste entstehen. Angst vor Einsamkeit, Anklammern an den Partner oder die Partnerin sind häufige Folgen.

Zu enge Bindungen führen aber auch zu Verlust von Freiheit. Folglich versucht sich der Eingefangene zu befreien. Es sei denn, beide haben die gleichen engen Bindungsbedürfnisse.

Das Gleichnis von den Igeln, die sich wärmen wollen, veranschaulicht das sehr gut: Sind sie zu nahe beieinander, stechen sie sich, sind sie zu weit voneinander entfernt, frieren sie. Es ist Aufgabe eines jeden Paares, die richtige Distanz zueinander zu finden, die Distanz in der Bindung zwischen den Polen Freiheit und Eingeengtsein.

Häufig erlebt man, daß Ehepaare sich oft streiten. Sie haben aber nicht den Mut, sich zu trennen und den Lebensweg alleine zu gehen. Stirbt ein Partner jedoch, sind sie äußerst traurig, da ihnen die Basis der Bindung im Leben genommen ist und ihnen Einsamkeit und Bindungslosigkeit Angst machen.

Ein Bindungsfaktor zwischen Mann und Frau ist die Sympathie. So ist Liebe auf den ersten Blick von großer Sympathie getragen, die rational nicht erklärbar ist. Die Fähigkeit zur Sympathiebildung ist uns angeboren. Man beobachtet sie ja auch bei Tieren. Die Sympathiebindung ist sehr dauerhaft, insbesondere wenn sie sich mit sexueller Bindung verbindet. Selbst tiefe Enttäuschungen werden bei vorhandener Sympathie schneller verziehen.

Die Bindung zwischen Mann und Frau wird durch die Sexualität immer wieder aufs Neue vertieft. Die Sexualität hat folglich nicht nur eine kindererzeugende, sondern auch eine starke Bindungsfunktion, wie Eibl-Eibesfeld in seinem Buch *Liebe und Haß* darlegt. Persönliche Hingabe, das Ein- und Aufgehen im anderen ist dabei allerdings eine Voraussetzung. Ist jemand stark verliebt, ist die Hingabebereitschaft immer vorhanden. Das kann zur Ausnutzung und Hörigkeit führen. Wenn das Vertrauen sehr stark erschüttert wurde, zieht sich ein Partner zurück, die Hingabebereitschaft kann leiden, aber selbst dann ist sie oft noch nicht aufgehoben.

Die Fähigkeit zur Hingabe ist eine ererbte Disposition, die bei der Frau stärker ausgeprägt ist als beim Mann. Die Sehnsucht danach ist immanent beim Menschen vorhanden, die Erfüllung bringt Glück. Liebe ist das stärkste Bindeglied beim Menschen, und echte Liebe ist ohne Hingabe kaum denkbar. Sexuelle Appetenz alleine ist noch keine Liebe. In der Liebe ist der Mensch als Ganzes angesprochen. Es ist nicht nur eine körperliche, sondern auch eine geistig-seelische Vereinigung, die die Basis der festen Bindung darstellt. Wie schmerzhaft ist eine Trennung! Es ist für den Zurückbleibenden, noch Liebenden, als würde ein Stück seiner Seele herausgerissen. Daher führt Trennungsschmerz manchmal zum Suizid: »Ich kann so nicht weiterleben.« Es ist ein bis in den Urgrund der Seele führender Schmerz. Beim Mann spielt allerdings – wie gesehen – auch gekränkter Stolz im Rahmen einer Trennung eine dominierende Rolle. Er bewahrt sich in einer Bindung immer noch mehr Selbst als eine Frau, ist aber andererseits mehr als eine Frau auf die Bindung angewiesen, ohne die er in der Regel sehr hilflos ist.

Die Paarbindung hält lange über die Sexualphase hinaus an. In jungen Jahren ist die Aufnahme einer tiefen Bindung leichter. Jugendlieben halten am längsten. Bei alten Menschen wird die Bindungsfähigkeit geringer. Sie beklagen ihre Einsamkeit, sind aber nicht mehr in der Lage, neue Bindungen einzugehen. Hierzu müßte ein Teil der eigenen Person zur Verfügung gestellt und eingebracht werden, wozu die Kraft fehlt.

Die Bindung zwischen Mann und Frau und die Bindung zum Kind führt zur schutzbringenden Kleingruppe Familie. Bei einer festen Bindung der Familienmitglieder untereinander wächst das Kind ungestört, geborgen und sicher auf und hat die besten Bedingungen für seine Entwicklung. Auch bei den Tieren gibt es Familienverbände wie bei den Affen und lebenslange Bindungen wie bei den Tauben.

Über die Bindung der Familie hinaus gibt es Einbindungen in Gruppen, wie zum Beispiel in Kindergärten, Schulen, jugendlichen Banden – die die Ablösung vom Elternhaus erleichtern –, in Vereinen als Interessengemeinschaften, in Betrieben, in Freundeskreisen, in Gemeinden, Städten und in einem Land. Auch die Einbindung in eine Religionsgemeinschaft, die Bindung an einen persönlichen Gott, mit dem im Gebet kommuniziert wird, hat fundamentale Bedeutung. Je isolierter ein Mensch im persönlichsten Bereich lebt, um so wichtiger werden diese sekundären Einbindungen. Die vielen Alleinlebenden heute brauchen auch das Gefühl von Zugehörigkeit zu einer Großfamilie, einer Freundschaft, einer Interessen- oder Arbeitsgruppe oder der Kirche, und damit zu Gott. Durch Jesus wurde dem Menschen eine individualisierte Bindung zu Gott ermöglicht, die großen Schutz und Hilfe bietet. Lebt der Mensch völlig isoliert, ist er unglücklich. Er handelt gegen seine Natur, die ein Bedürfnis nach Bindung enthält.

Bindungsfördernde Funktion haben gewisse tradierte Verhaltensweisen: gemeinsam Essen und Trinken, indem man dem Gast etwas anbietet oder bei einem gemütlichen Zusammensein etwas zu sich nimmt. Auch gemeinsame Feste feiern stärkt die Bande. Kleine Geschenke erhalten die Freundschaft und Liebe. Ein Kuß bei der Begrüßung, beim Abschied, beim Gutenachtsagen, miteinander reden oder gemeinsam handeln, wie im Sport, bei Hobbies, sich gegenseitig helfen, das alles stärkt die Bindung.

Besonders bindungsfördernd sind Kindchenappelle. Politiker nehmen Kinder auf den Arm, oder Verliebte sprechen in kindlicher Sprache. Kindchenappelle und Hilfsbedürftigkeit fordern Betreuungsverhalten heraus, was urspünglich ein Muttertrieb war, der zur Hilfsbereitschaft führte. Diese stellt Bindung her. Man denke nur an die Hilfslieferungen in Krisengebiete. Über Hunde, die wie Kinder gehalten werden, oder über Kinder entstehen Freundschaften.

Auch gemeinsame Aggression bindet. Hierzu gehören die Kampfgemeinschaften im Krieg, bei der Jagd, bei Sportwettkämpfen. Wenn Männer sich streiten, kommunizieren sie, wie bereits dargelegt wurde, was bei ihnen im Gegensatz zu Frauen bindungsfördernd sein kann.

Bindung wird auch durch körperliche Nähe gesucht, durch Anschmiegen, Streicheln und beieinander Sitzen. Viele Tiere suchen die Nähe der Artgenossen. Haustiere wie Katzen und Hunde schmiegen sich an den Menschen an und wollen in seiner Nähe sein.

In der heutigen Zeit werden allerdings die Bindungsbedürfnisse der Menschen wenig respektiert und gefördert. Der Individualismus, die Unabhängigkeit und egozentrische Moral sind zu Götzen erhoben worden.

In der Wirtschaft verlangt man zum Beispiel immer häufiger Mobilität. Wohnsitzveränderungen führen aber oft zu einschneidenden Bindungsabbrüchen für die ganze Familie. Auch Firmenwechsel sind an der Tagesordnung, langjährige Betriebszugehörigkeiten die Seltenheit.

Auch die Kirchen haben heutzutage ihren Einfluß weitgehend verloren. Sie sind nicht imstande, den christlichen Glauben den Menschen zeitgemäß zu übermitteln. Die Gottesdienste sind schlecht besucht. Die Menschen finden auch in der Gemeinde keine Heimat mehr, das tägliche Gebet, eine erheblich stabilisierende Kraft, ist vielen verlorengegangen. Sie glauben nicht mehr an die göttliche Kraft, zu der sie Verbindung aufnehmen können, die sie stärkt und aus ihrer Isolation führt.

Die Zahl der psychosomatisch Kranken steigt ständig. Depressionen und Angstneurosen häufen sich und die Ausgaben der Krankenkassen für Psychotherapien steigen. Die Menschen kommen mit sich selbst und ihrer Umgebung nicht mehr zurecht. Die natürlichen Bedürfnisse werden übergangen, mit sinnvollen Traditionen wird gebrochen, und der Wertewandel der heutigen Zeit löst Verwirrung, Ratlosigkeit und Hilflosigkeit aus, die in Krankheit mündet. Wir entfernen uns zu weit von unserer Natur, was zu innerer Zerrissenheit führt.

Es ist schon ein Phänomen, daß junge Paare Angst vor einer Eheschließung haben, mit der sie sich für eine Dauerbindung entscheiden. Das uneingeschränkte »Ja« zum Partner weicht dem Vorbehalt. Jeder hat seine Freiheit und soll gehen, wann es ihm paßt. Unsicherheit ist dabei der Boden für ständiges Bemühen umeinander. Die familiäre Identität, die Schutz bietet, wird geopfert. Die vielen Ehescheidungen – jede dritte Ehe wird geschieden – sind erschreckend. Eine lebenslange Gemeinschaft wird grundsätzlich in Frage gestellt; die individuelle Entwicklung verlange irgendwann neue Partnerschaften. Ist das wirklich so? Gibt nicht vielmehr erst eine vertrauensvolle, auf lebenslange Partnerschaft angelegte Verbindung, die Freiheit zur Entfaltung auf vielen Gebieten?

Viele schrecken überhaupt vor einer Partnerbindung zurück und bleiben Singles. Auf Distanz eine Freundschaft zu führen ist leichter, als ein gemeinsames Leben zu gestalten. Auf persönliche Nähe und Geborgenheit verzichten sie zugunsten ihrer Freiheit. Dazu gehört Stärke. Jedoch auch Singles suchen nach sekundären Bindungen. Lebt ein Mensch in der Isolation, ist er unglücklich. Gerade in schwierigen Situationen ist er sich seiner Einsamkeit und Verlassenheit bewußt. Die Freiheit der Bindungslosigkeit kann nur in unbeschwerten Lebensphasen genossen werden. Der Single entbehrt der liebenden Zweierbeziehung im vertrauensvollen Austausch des Gebens und Nehmens. Nun könnte man einwenden, daß jeder Alleinstehende auch freundschaftliche Bande und Liebesbeziehungen unterhalten kann, bei denen eine Kommunikation gewährleistet ist und jeder trotzdem seine individuelle Freiheit hat. Erfahrungsgemäß ist hierbei jedoch die Distanz zum anderen zu groß, um das Gefühl der Geborgenheit erleben zu können. Die erotischen Bedürfnisse können zwar durch die Spannung, die die Distanz bringt, durch das immer wieder aufeinander Warten, durch die Sehnsucht nach dem anderen, stimuliert werden, entbehren jedoch auch ihrer Erfüllung durch die Vereinigung im sozialen Bereich, nach der jede Liebe strebt. In ständiger Sehnsucht zu leben ist quälend. Aus der Vereinigung aber das zu machen, was eine erfüllte Partnerschaft sein sollte, ist die große Aufgabe, die sich den Menschen stellt.

Die Rollendiffusion der heutigen Zeit, die Unfähigkeit der Männer, mit der neuen selbstbewußten Frau umzugehen, die Schwierigkeit der Frauen zur Selbstbestimmung und zur Definition der Erwartungshaltungen an den Mann, verlangt eine Neubesinnung. Die Auflösung der kulturell tradierten Verhaltensweisen im Umgang von Mann und Frau löst Unsicherheit und Bindungsängste aus.

Die Frauen müssen um ihre Anerkennung kämpfen. Kämpfen gegen wen? Natürlich gegen die Männer, mit denen sie andererseits zusammenleben wollen oder sollen. Viele Frauen ziehen es vor, ihre Kinder alleine zu erziehen. Sie wollen keine Partnerschaft mehr. Das ist ein Rückzug aus Frustration, kein Fortschritt. Man kann nicht im Kampf zusammenleben. Kämpfen heißt siegen wollen, und das bedingt, daß immer einer unterlegen sein muß, und der ist frustriert. Die Kraft, ständig zu kämpfen, bringen Frauen nicht auf. Sie neigen zum Rückzug, verharren im Widerstand oder gehen.

Verwendet man das Wort »Harmonie in der Ehe«, bei der die Kompetenzen innerhalb des Zusammenlebens zu beider Zufriedenheit gut verteilt sind, gerät man in den Verdacht, unmodern zu sein und alte Rollenmuster zu propagieren, denn von diesen muß einiges übernommen werden. Harmonie aber, die Lebendigkeit nicht ausschließt, ist die tragfähige Basis des Zusammenlebens.

Die Alternative, alleine zu leben, ist keine Lösung. Der Mensch darbt in der Isolation wie eine Blume, die Sonne braucht und im Schatten dahinvegetiert. Die Sonne entspricht der Bindung, die emotionale Wärme und Geborgenheit gibt, die der Mensch im Leben braucht. Alte Menschen ohne Bindung sterben früher, wie Statistiken zeigen.

Das essentielle Bedürfnis nach Bindung ist äußerst sinnvoll, denn jedes Individuum ist allein nicht überlebensfähig.

## Gedanken über die Liebe

Der Begriff »Liebe« wird vom Menschen umfassend gebraucht. Er bezieht sich auf Menschen, Tiere, Dinge, auf geistige Werte, auf Transzendenz und Gott.

Liebe ist übereinstimmend definiert als ein Gefühlszustand. Dieser ist allgemein auf ein Objekt, auch auf einen Menschen ausgerichtet und geht mit einer Wertbejahung dieses Objektes einher. Diese Wertbejahung ist subjektiv und rational nicht immer begründbar. Liebe geht eine Gefühlsbindung mit diesem Objekt ein, die über die eigenen Belange hinausgeht.

Historisch gesehen gibt es Liebe wohl, seit die Menschheit existiert. Wir können auch noch weiter zurückgehen. Wir kennen den Begriff »Affenliebe«. Folglich stellt sich die Frage, ob es auch bei den Tieren Liebe gibt. Dies muß bejaht werden, denn Tiere können fühlen. Sie können lieben und trauern. Ihre Bindung ist nicht nur mechanischer Art.

Laut Konrad Lorenz ist die Aggression älter als die

Liebe. Unter den stammesgeschichtlich ältesten Lebewesen findet man schon Aggressionen. Diese war nötig zur Nahrungsbeschaffung, zur Abwehr von Freßfeinden, zur Eroberung von Weibchen und Lebensräumen. Zum Schutz gegen Aggression von außen war es nötig, daß sich Individuen zusammenschlossen. Der freundschaftliche Zusammenschluß war ursprünglich eine Verteidigungsgemeinschaft, aus der sich die individualisierte Beziehung in Liebe entwickelte. *So entstand,* laut Konrad Lorenz, *das persönliche Band der Liebe zweifellos in vielen Fällen aus der intraspezifischen Aggression.*[18])

Auch der Brutpflegeinstinkt entstand zum Schutz der Brut. Hieraus entwickelte sich Mutterliebe.

Bis heute haben wir in unserem Sozialverhalten angeborene Auslösemechanismen: Pausbacken, Saugmund, runde vorgewölbte Stirn, runde Körperformen lösen in uns die Assoziation »herzig« aus, was besagt, aufnehmen und ans Herz drücken. Hier ist kein freier Wille mehr zur Liebe vorhanden. Es sind angeborene Verhaltensmuster, die in der Stammesgeschichte angelegt sind.

So ist auch die Schutzsuche durch einen Bindetrieb vorprogrammiert. Das äußert sich in Anklammern und Suchen einer Gruppe bei Gefahr. Interessanterweise gibt es eine Gruppenverteidigung und einen Gruppenzusammenhalt nur bei brutpflegenden Tieren. Also liegt ein Ursprung der Kontaktaufnahme zum anderen, die zur Liebe führt, in der Schutzsuche.

Ein zweiter Ursprung ist wohl in der sexuellen Vereinigung zu finden. In alten Kulturen gibt es Liebesgötter, die eindeutig die sexuelle Liebe symbolisieren. In der Antike zum Beispiel Eros, Aphrodite, Venus. Erst durch die christliche Religion kam der Begriff der Gottesliebe

---

[18]) Konrad Lorenz, Das sogenannte Böse, zit. nach:Irenäus Eibl-Eibesfeld, Liebe und Haß, S. 146

als *Agape* auf. Gott liebt seine Kinder, daher ist die Liebe Gottes ein Geschenk an die Menschen. Gott wertet den Menschen durch seine Liebe auf, und der Mensch hat ihm dafür dankbar zu sein. Die Liebe des Menschen zu Gott ist Dankbarkeit. Gott liebt alle Menschen, weil alle seine Kinder sind ein interessantes Denkschema der Übertragung – daher soll der Mensch auch alle Menschen lieben, selbst seine Feinde, was eigentlich eine Perversion der Liebe ist. Sie befähigt uns aber zur tätigen Nächstenliebe, was für die kulturelle Entwicklung von großer Bedeutung war und ist. In der einen Hingabe, in der Kontemplation, erfahren wir Gottes Liebe, ein Eingehen in Gott. Gott schenkt seine Liebe bedingungslos, daher wird die bedingungslose, das heißt selbstlose Liebe auch vom Menschen als reinste Liebesform gefordert. In der Renaissance schließlich führte das moralische Gebot der Kirche zur Humanität.

Sprechen wir von Liebe, so beziehen wir diese einmal auf Personen, auf den Geschlechtspartner, auf Eltern, Geschwister, Kinder und Freunde, zum anderen auf Dinge wie Geld und Besitz und auf abstrakte Werte wie Wahrheit, Freiheit und die religiöse Gottesliebe.

Die gegenstandsbezogene Liebe fängt da an, wo das Gefühl des Besitzenwollens gegenüber rationellen Argumenten überwiegt. Zum Beispiel, wenn man einen Gegenstand liebt, der mit gefühlsbesetzten Erinnerungen behaftet ist.

Ein Lieben von abstrakten Werten heißt, sich mit diesen Werten zu identifizieren, sich diese Werte zum eigenen Anliegen zu machen, also auch ein Sichverbinden, hier mit idealen Werten. Ein Künstler z.B. schafft durch Liebe, durch Hingabe an eine Idee oder ein Objekt Kunstwerke.

Der Liebe zwischen Mann und Frau liegt der Hang zur Vereinigung mit einem Partner als Urtrieb zur Erhaltung des Lebens zugrunde. Es gibt auch die sexuelle Zweckbegegnung zur eigenen Triebbefriedigung. Hierzu gehört die käufliche Liebe, die Liebe aus Wunsch nach Abwechslung, Lust und Spiel. Für den Menschen spezifisch ist jedoch die intensive individuelle Liebe zu dem Sexualpartner, das sexuelle Ergreifen und Ergriffenwerden von der geliebten Person in geistiger, seelischer und sinnlich-leiblicher Form. Sexualität ist hierbei das Mittel zur ganzheitlichen Vereinigung, die getragen ist von einem Gefühlszustand des gegenseitigen Wohlwollens und der Bejahung, der über die eigenen Belange deutlich hinausgeht.

Wie entsteht eine solche Liebe? Am Anfang steht wohl eine zunächst noch unpersönliche Sehnsucht nach dem gegengeschlechtlichen Partner. Mit diesem Verlangen sind wir biologisch ausgestattet, und zwar die Frau und der Mann gleichermaßen. Dies hat sicher einmal seine tiefe Bedeutung im Begattungsakt zur Erhaltung der Art, aber auch in einem Bedürfnis nach Bindung als Schutzsuche. Dieser Bindungstrieb ist äußerst stark und kann nur unter Opfern vernachlässigt werden. Er wird qualitativ bereichert und vertieft im Sinne der Liebe durch eine erfüllte Sexualität, die starke partnerbindende Funktion hat.

Die Liebesheirat ist bei uns eine historisch junge Einrichtung, ungefähr 100 Jahre alt. Man kannte sie jedoch auch schon bei alten Völkern, wie bei den Pygmäen in Afrika. Aber überwiegend war die Ehe immer eine Zweckgemeinschaft zur Vermehrung und zur eigenen Sicherheit, auch wenn sich im Laufe der Zeit Bindung entwickelte. Die Liebe war oft genug auf einen anderen Partner ausgerichtet als den Ehemann. Die wirtschaftlichen Faktoren einer Ehe wurden höher bewertet als der zudem noch sehr störbare emotionale Zustand der Liebe.

Es ergibt sich nun auch die Frage: Gibt es eine Liebe ohne Gegenliebe? Sicher, dann besteht diese Liebe aus Hoffnung auf Erfüllung in Sehnsucht oder Schmerz bei Versagen. Auch kann die Liebe in Trauer oder in Aggressionen umschlagen, wenn die liebende Person durch die Frustration zu stark verletzt wurde. Nach Gottes Gebot ist die absolut selbstlose Liebe die reinste Liebe. Durch diese moralische Aufwertung der Frustration wird der Frustrationsschmerz verringert. Auch nach bitterer Enttäuschung hält ein Liebender oft an der Liebe fest. Vielleicht idealisiert er den Partner, weil er spürt, daß er das Gefühl der Liebe zum Leben braucht. Oft klingt erst die alte Liebe ab, wenn sie durch eine neue Liebesbindung ersetzt wird.

Durch Liebe wird ein Mensch aufgewertet, er ist glücklich, durch Liebesversagen abgewertet, er ist unglücklich.

Die Liebe wird verteidigt durch Eifersucht. Der Eifersucht liegt ein erhebliches Aggressionspotential zugrunde. Es dient der Verteidungung der Liebesbeziehung und ist uns angeboren als Schutzmechanismus. Die freie Liebe in der Ehe, die in den siebziger Jahren propagiert wurde, ist daran kläglich gescheitert. Der Geist war zur Toleranz bereit, das Fleisch, unsere Triebwelt, spielte jedoch nicht mit. Auch die als Vorbild der freien Liebe dienende Beziehung von Simone de Beauvoir und Sartre war durch Eifersucht getrübt.

Die Liebe setzt Treue voraus, da sie von Loyalität, Zugehörigkeit und Bindung geprägt ist. Die rein sexuell betonte Liebe als Lusterfüllung der eigenen Triebe ist störbar, insbesondere beim Mann, da er durch äußere Reize verführbar ist. Ist seine Liebe jedoch umfassender, gibt sie ihm Schutz vor der eigenen Triebwelt.

Die Liebe kann zeitlich begrenzt sein, sie kann auch ein Leben lang halten. Durch Enttäuschung, Erschütterung und Vertrauensverlust in den Partner, kann die Liebe zerstört werden. Durch Erwartungshaltungen, die nicht erfüllt werden, durch äußere Belastungen, die nicht gemeinsam getragen werden, entsteht Entfremdung. Leidenschaftliche Liebe, die besitzergreifend ist und einengt, führt zu Spannungen und Befreiungsversuchen des Beherrschten.

Wie steht es mit der Selbstliebe? Ein gesundes Sichannehmen, Sichlieben gehört zu einer intakten Persönlichkeit. Es ist Ich-Identität. Nur wer sich selbst annimmt, kann sich auch eingeben in eine Liebesbeziehung. Eine übersteigerte Selbstliebe oder eine permanente Suche nach Anerkennung wie bei unreifen Personen stört die liebende Zuwendung. Liebe wird dann zur eigenen Erhöhung gesucht. Es fehlt das selbstlose Sich-Hingeben-Können. Selbsthaß erzeugt ebenfalls dieselbe Isoliertheit wie Egoismus.

Die Mutterliebe zeichnet sich in besonderem Maße durch Intensität, Dauerhaftigkeit und Selbstlosigkeit aus. Die Mutterliebe ist daher der Ursprung jeder Liebe. Sie ist von ganz anderer Qualität als die ursprüngliche, einfache sexuelle Berauschtheit beim Fortpflanzungsakt. Sicher spielen angeborene Bestrebungen, unter allen Umständen etwas beschützen zu müssen, eine Rolle. Zunächst wird etwas Hilfloses beschützt, aber diese Hilfsbereitschaft dauert ein Leben lang. Für jede Mutter ist es ein Lernprozeß, loszulassen. Von etwas Hilflosem erwartet man nichts, daher ist diese Liebesform in hohem Maße selbstlos. Die Intensität der Bindung wird verstärkt durch das Austragen im Mutterleib, durch das Nähren an der Brust, durch die zunächst bestehende körperliche Einheit zwischen Mutter und Kind.

Für das Kind ist die Mutterliebe eminent wichtig: es erfährt nicht nur Schutz und Selbstaufwertung, sondern auch die ersten Liebesgefühle. Kinder, die ohne diese Mutterliebe aufwachsen, verwahrlosen seelisch, wie wir das oft genug bei Heimkindern sehen.

Die Liebe zum Volk war ursprünglich eine Schutzgemeinschaft. Sie ist später humanitär untermauert worden. Heute reicht die Menschenliebe und Hilfe über die ganze Welt, ob nach Afrika zu den Hungernden oder nach Asien zu den Ertrinkenden. Durch die Reisemöglichkeiten, das Sichkennenlernen und durch die Informationen der Medien verwischen sich die Völkergrenzen immer mehr. Freundschaft und Nächstenliebe gegen aggressives Sichabgrenzen werden hierdurch gefördert.

Liebe ist etwas existentiell Notwendiges. Nur liebende Menschen sind lebendige Menschen. Liebe bringt Leben hervor. Sie ist eine positive Kraft. Die Macht der Liebe ist ein Begriff. Menschen mit Ausstrahlung sind liebesfähig. Ein Mensch ohne Liebe ist krank, depressiv, verhärmt wie eine Pflanze ohne Wasser, die vertrocknet. Hermann Hesse sagt: »Den Sinn erhält das Leben einzig durch die Liebe« d. h. je mehr wir zu lieben und uns hinzugeben fähig sind, deso sinnvoller wird unser Leben[19]).

Die Fähigkeit zu lieben haben alle Menschen, Männer wie Frauen. Die Frauen haben jedoch durch die ihnen innewohnende Kraft der Mutterliebe einen Vorsprung in ihrer Liebesfähigkeit. Jede Form der Liebe ist ursprünglich zurückzuführen auf die Mutterliebe. Sie ist eine äußerst

[19]) Hermann Hesse, Lektüre für Minuten, S. 97, 202

intensive Liebesform, die Selbstlosigkeit impliziert. Daher werden auch von Frauen Liebesdienste an anderen Menschen wie Kranken und Alten weit häufiger erbracht als von Männern. Männern steht die zu große Selbstliebe, die wir zuvor beschrieben haben, immer im Weg. Selbstaufgabe zugunsten eines anderen ist ihnen fremd. Sie widerspricht ihrer Natur. Die Frau gibt sich in Liebe hin, der Mann bringt sich zwar auch ein, bewahrt sich aber immer noch selbst. Wenn ein Mann zu einer Frau sagt: »Ich liebe dich«, heißt das meistens: »Ich begehre dich.« Umgekehrt ist das bei der Frau nicht der Fall. Wenn sie sagt: »Ich liebe dich«, fühlt sie sich mit ihm innig verbunden. Dazu gehört unter anderem auch die sexuelle Hingabebereitschaft, es schwingt jedoch noch weit mehr mit. Sie geht als ganzer Mensch im Mann auf, was von Seiten des Mannes leicht mißbraucht und ausgenutzt werden kann. Wenn Männer sagen, sie möchten einmal das erleben, was eine Frau im Zustand des höchsten Glücks erlebt, ist genau das gemeint: das umfassende Sichhingeben und -aufgehen im anderen, das zu einer kosmischen Erfahrung des abgelösten, ichlosen Zustands führt, der Seligkeit bedeutet, ein im Buddhismus höchst begehrter Zustand. Das ist auch für Dichter und Denker der für sie nicht ergründbare weibliche Gefühlszustand, der sie fasziniert. Die Frau tut in diesem Zustand alles für den Mann in großer Selbstlosigkeit. Wenn er sie allerdings ausnutzt, wird sie irgendwann sehr stark verletzt und Disharmonie die Folge sein.

## Gelebte Sexualität in der Verbindung von Mann und Frau

Sexualität hat eine zentrale Bedeutung im Leben aller Lebewesen, so auch des Menschen. Sie garantiert über die Fortpflanzung die Erhaltung dieser Art. Diese ist aufgrund ihrer fundamentalen Bedeutung biologisch abgesichert durch feste Verhaltensmuster bei männlichen und weiblichen Lebewesen im Sinne von Reiz-Reaktionswirkungen, die genetisch fixiert sind und damit vererbt werden. Auch wir Menschen als biologische Wesen unterliegen diesen Mechanismen. Wenn sich auch in der Evolution unser Geist zu einer wunderbaren Größe entwickelt hat und über uns Menschen bestimmen kann, bleibt er doch der Biologie verpflichtet. Entfernt er sich zu weit von biologischen Gegebenheiten, äußert sich das in einem Unwohlsein des Menschen. Es entsteht eine innere Zerrissenheit, die Ideale geben ein Verhalten vor, dem man im tiefsten Herzen eigentlich nicht so recht folgen mag. Im Zuge der Zeitströmung entscheidet sich der Mensch vielleicht gegen sein Herz und für das Ideal in der Annahme, er sei sonst altmodisch, aber irgendwann schlägt das Pendel zurück. Die Natur setzt sich durch, denn der Mensch will sich wohl fühlen, er will im Einklang mit sich leben.

Gerade im Bereich der Sexualität leben wir Menschen derzeit in einer solchen Zerrissenheit. Durch die Aufwertung der Frau, durch den Kampf um die Würde, Selbstbestimmung und Gleichberechtigung der Frau, – Ziele, die eminent wichtig sind –, kommt es jedoch leider zu einer Gleichsetzung von Mann und Frau, die der Frau eher schadet als nützt. Sie muß ihre Weiblichkeit leben können, und er darf sich als potenter Mann fühlen – mit gegenseitigem Respekt, ohne Ausnutzung und Unterwerfung. Diese demokratische Aufgabe im Umgang der Geschlechter miteinander ist deshalb so schwierig, weil angeborenes Rang- und Machtstreben mit hineinspielt.

Im ersten Teil dieses Buches wurde das Prinzip Männlich-Weiblich und die Sexualität vom biologischen

Standpunkt aus dargestellt. Wir können leicht viele unserer Verhaltensweisen bis ins Tierreich hinein verfolgen. Sie haben sich trotz der Evolution des Geistes stabil erhalten, um unser Fortleben zu garantieren.

Das Fundament der Sexualität ist der Geschlechtstrieb, der nervlich und hormonell gesteuert wird und auf Vereinigung im Sinne der Paarung mit einem gegengeschlechtlichen Partner ausgerichtet ist. Dieser Geschlechtstrieb ist qualitativ beim Mann anders als bei der Frau. Beim Mann ist er drängender, impulsiver und daher früher auf den eigentlichen Sexualakt ausgerichtet als bei der Frau. Bei ihr besteht ebenfalls ein starkes Empfinden, das nach Vereinigung sucht im Sinne der Hingabe, die aber primär immer gekoppelt ist mit Vertrauen, denn im Hintergrund stehen Bindungsbedürfnisse. Diese haben ihren biologischen Sinn in dem Bedürfnis nach Versorgung der potentiellen Frucht der Liebe. Das setzt eine gewisse Reife voraus, so daß Mädchen später zur Paarung bereit sind als Jungen und bis zur sexuellen Vereinigung länger umworben werden wollen.

Dem widerspricht nicht, daß Mädchen in der heutigen Zeit ihre natürlichen Bedürfnisse leugnen und frühe und häufige Partnerwechsel haben. Sie glauben, sie seien nicht »in« und seien prüde, wenn sie das sexuelle Spiel »just for fun« nicht mitmachen. Sie spielen folglich mit, wissen, daß sie etwas tun, was sie eigentlich gar nicht wollen, empfinden wenig, spielen Theater, um den Partner zu halten, und versuchen sich auf diese fragwürdige Weise zu bestätigen. Die seelischen Folgen kann man sich denken. Oft genug mündet der Frust einer mißglückten Partnersuche in einer gefühlsarmen Ehe oder Einsamkeit. Es ist sehr wichtig, daß junge Mädchen ihre Bedürfnisse kennen und respektieren und sich nicht von der Gesellschaft ein Verhalten aufzwingen lassen, das ihnen nicht entspricht. Es ist bekannt, daß Frauen zwischen 30 und 40 Jahren erst auf dem Höhepunkt ihrer sexuellen Reife sind.

Für jede Frau ist es deprimierend, wenn sie für einen Mann nur ein Vergnügen für eine Nacht war, wenn er geht und keine Bindung aufnimmt, sich nicht meldet und ihr zeigt, »das war alles, mehr wollte ich nicht«. Ihre sexuellen Bedürfnisse sind nun einmal auf dauerhafte Beziehungen angelegt, und sie ist unglücklich, wenn sie erkennt, daß sie nur zu seiner Triebbefriedigung benutzt wurde.

Männern ist eine solche Verhaltensweise leicht möglich. Sie verstehen die Frau oft nicht und sagen: »Es war doch schön, was willst du mehr?« Männer können ihre sexuellen Triebimpulse ohne Bindung ausleben, daher liegt ihnen von Natur aus die Polygamie, während Polyandrie für Frauen nicht in Frage kommt. Eine seltene Ausnahme wurde im ersten Teil geschildert. Die Prostitution gab es schon zu allen Zeiten. Man sagt, es sei das älteste Gewerbe der Welt. Hierbei können Männer frei und ohne jeden Bindungsanspruch von Seiten der Frau ihren Sex ungehemmt ausleben. Es ist ein so großes Bedürfnis der Männer vorhanden, daß der jährliche Umsatz in diesem Gewerbe Milliardenhöhe betragen soll.

Der Geschlechtstrieb ist individuell verschieden stark angelegt und kann durch innere und äußere Bedingungen beeinflußt werden. Krankheiten, seelische Probleme, Medikamente, Streß, soziale Umstände können triebmindernd wirken, stimulierende Reize, Gedanken, Filme, Ruhe, häufige Auslebung des Triebs sind Verstärker. Auch Eifersucht wirkt triebverstärkend.

Die Sexualität des Mannes ist völlig anders angelegt als die der Frau. Er spricht weit mehr auf äußere Sexualreize an. Eine »sexy Frau« reizt ihn immer, egal, welchen Charakter, welche Intelligenz oder welchen sozialen Stand sie hat. Eine schöne Figur, schöne Beine, ein wohlgeformter Busen, ein ansprechendes Gesicht reichen ihm, um Sexualkontakt zu begehren und aufzunehmen. Daher blühen die Geschäfte mit der Prostitution und der Pornographie.

Frauen nutzen die Ansprechbarkeit des Mannes aus, um ihn zu reizen. Die Kosmetikindustrie und die Mode unterstützen sie dabei sehr. So trägt sie beispielsweise enge Jeans, zeigt die Beine bei Miniröcken und läßt den Busen im Ansatz sehen. Sie führt den Mann damit zu ihren Geschlechtsorganen hin, und er wird begierlich. Auch die Duftnote eines Parfums weckt sexuelle Impulse, wie die Duftstoffe bei den Tieren. Sind die Haare auch noch fließend, die Bewegungen weich, charmant und verhalten, verkörpert die Frau die Weiblichkeit als Hingabebereitschaft in Vollendung, und die Männer laufen ihr nach. Der Blickkontakt zeigt dann, ob sie auch willens ist, eine Beziehung aufzunehmen.

Der Mann kann durch die Anreize sexuell so stark stimuliert werden, daß er die Kontrolle verliert und aufdringlich wird. Nicht nur Blicke, sondern auch Bemerkungen und Handlungen folgen. Das geschieht sehr häufig am Arbeitsplatz, wo junge Frauen oft sehr aufreizend angezogen sind, aber auch im Bekannten- und Familienkreis bei jungen Mädchen, was manchmal sogar zu sexuellem Mißbrauch führt. Frauen sollten sich sehr bewußt sein, wie sie mit welcher Kleidung wirken, sie sollten nicht kritiklos der Mode folgen. Die Konsequenzen ihres Handelns müssen sie einkalkulieren und tragen, das heißt, damit umgehen.

Die Sexualität des Mannes, die auf Stimuli leicht anspricht und sehr drängend ist, verbindet sich häufig mit einer Portion Aggressivität. Ausdrucksweisen wie »bumsen» oder »jeder hat soundso viel Schuß« zeigen dies deutlich. Eine Meinung der Männer, die in der Vergangenheit noch stärker ausgeprägt war, aber bis heute zu beobachten ist, besagt, man müsse eine Frau einfach nehmen, wenn sie sich ziert, und sie ihrem angeblichen Glück zuführen; sie habe ja nur Angst und wolle die Stärke des Mannes spüren und genommen werden. Diese aggressive Haltung führt unter Umständen zur Vergewaltigung in Freundschaft und Ehe.

Männer denken im Tagesverlauf sehr häufig an Sex. Bei geselligen Gesprächen unter Männern ist dieses Thema vorherrschend. Kein Wunder, wenn sie bei einer Kontaktaufnahme mit einer Frau immer nur »das eine« wollen. Die Sexualität steht in der Rangstufe der Bedürfnisse ganz oben, erst dann kommen Bindungswünsche.

Für den Mann ist es eine große Aufgabe, sein triebdynamisches Geschehen zu zügeln und zu beherrschen. Kulturell tradierte Verhaltensnormen helfen ihm hierbei. Wir kennen eine Fülle von gesellschaftlichen Geboten der Höflichkeit und der Umgangsformen miteinander, die besagen, was man tun und lassen sollte. Dies bedeutet eine Kontrolle der Triebe durch kulturelle Kontrollmuster, in die wir eingebunden sind und die uns helfen, mit unserer Triebdynamik umzugehen.

Vergewaltigungen gibt es selbst im Tierreich selten. Ein Weibchen, auch eine Frau, muß für den Geschlechtsakt vorbereitet werden, da ihre Sexualität nicht impulsiv drängend ist wie die des Mannes und die Paarungsbereitschaft mit Vertrauen gekoppelt ist. Dieses ist nötig für die ursprünglich mit einem Geschlechtsakt immer verbundene Möglichkeit der Schwangerschaft und Geburt eines Kindes, bei der die Betreuung durch den

Partner lebenserhaltend wichtig ist. Auch im Zeitalter der Empfängnisverhütung unterliegen wir diesen genetisch verankerten Reaktionsweisen. Der Mann muß folglich durch Werbungsverhalten Vertrauen aufbauen und die Liebesbereitschaft der Frau herbeiführen.

Hat nun eine Frau den Mann erhört, ist sie bereit zur Liebe und Hingabe, gestaltet sich der intime sexuelle Umgang miteinander auch nicht unproblematisch. Der Mann muß lernen, seinen ungestümen Drang zu zähmen, sich zurückzuhalten. Die Frau braucht Zeit, um ihre Gefühle zu entwickeln, um zu dem Punkt zu kommen, der das höchste Glück und die innigste seelische Vereinigung bedeutet. Die Grundstimmung, die vielleicht durch Musik sanft und erotisch gestaltet wird, und das Liebesspiel mit einer zarten Annäherung über erogene Zonen sind erforderlich, um die Frau anzuregen. Männer, die aufgrund ihrer drängenden Gefühle zu direkt vorgehen, provozieren Abwehr, auch wenn generell Verlangen von Seiten der Frau da ist. Sie müssen das Sexualverhalten der Frau kennen, um ihr Handeln zu steuern. Der weibliche Körper ist differenziert wie ein Musikinstrument, auf dem der Mann lernen muß zu spielen, wenn es zu einem Wohlklang kommen soll. Er muß durch eine einfühlsame Beobachtung der Frau diese in ihren Reaktionen entdecken. Gelingt ihm das und führt er die Frau zum höchsten Glück einer körperlichen und seelischen Vereinigung im Orgasmus, strahlt dieses Glück auf ihn über und beseelt ihn in einer faszinierenden Weise.

Kann sich eine Frau derart mit einem Mann verbinden, ist sie immun gegen andere Bewerber und absolut treu. Wenn eine Frau untreu wird, kann man davon ausgehen, daß diese Vereinigung nicht geglückt ist. Ein Mann ist eher zu einem Seitensprung im Sinne eines unverbindlichen Erlebnisses aus rein sexuellen Gelüsten fähig. Aus moralischen Gründen sollte er dies natürlich nicht tun, denn er setzt damit bei seiner Frau alles aufs Spiel und mißbraucht ihr Vertrauen. Hat einmal eine Frau das Vertrauen verloren, kann sie nicht mehr lieben. Vertrauen und Zuverlässigkeit des Partners sind zwingende Voraussetzungen für die Hingabefähigkeit der Frau. Auch Männer, die häufig mit anderen Frauen flirten, verletzen die Gefühle der eigenen Frau, denn sie signalisieren damit Unzuverlässigkeit. Die Frau wird eifersüchtig sein und gleichzeitig ihre Liebe zurücknehmen und abwarten. Der Verstand kann hierbei selten regulierend eingreifen. Der Mensch ist weniger frei, als er dies wahrhaben will, denn unsere angeborenen Reaktionsweisen melden sich oft vehement.

Der Mann andererseits wird sehr unruhig, wenn ein anderer Freier in sein Gehege kommt; er verteidigt seine Frau oder seine Freundin wie einen Besitz, auch wenn er sich selbst Seitensprünge erlaubt. Er sagt dann nur lakonisch, das sei etwas anderes. Die Verteidigung des Weibchens sehen wir besonders bei Tieren. Biologisch kann der Mann nie sicher sein, ob die potentiell entstehende Frucht von ihm ist. Er schirmt daher die Frau von anderen Bewerbern ab. Nach menschlicher Vernunft läßt sich das alles nicht recht begründen. Die uns angeborene Natur steuert die Gefühle. Allerdings hat der Mensch die Möglichkeit, durch moralisches Bewußtsein seine Triebe zu kontrollieren, indem er das Gebot der Treue und Loyalität befolgt.

Erfüllte Sexualität ist nur möglich, wenn Frauen und Männer ihre spezifischen Besonderheiten und Bedürfnisse kennen, sie beachten, somit aufeinander eingehen und lernen, die eigenen Wünsche mit denen des Partners oder der Partnerin zu koordinieren. Das Liebesleben muß gelernt werden durch Suchen und Erforschen des anderen. Es gibt keine Schule der sexuellen Liebe, denn diese ist tabuisiert. Das Liebesleben ist nun einmal mit einem hohen Maß an Schamgefühl und Intimität gekoppelt. Auch das ist angeboren. So haben Bücher über ein erfülltes Liebesleben immer noch einen leicht anrüchigen Beigeschmack. Als erwachsene bewußte Menschen, die ihr Handeln steuern sollen, brauchen wir aber Kenntnisse. Folglich sollte man sich nicht scheuen, gute Sexualliteratur, die mit Takt die Problematik behandelt, zu lesen. Prüde gesellschaftliche Moralvorstellungen gehen allzuoft am Wesen der Sexualität vorbei. Diese hat bekanntlich eine fundamentale Bedeutung in der Beziehung eines Paares zueinander und muß gepflegt werden. Angeboren sind uns der Sexualtrieb und bestimmte Reiz-Reaktionsmuster, aber die Ausführung im gegengeschlechtlichen Umgang miteinander verlangt höchste Sensibilität, Differenziertheit und setzt Wissen voraus. In der Sexualität beim Menschen sind Geist, Körper und Seele in einer Wechselwirkung verwoben, die den Menschen zu höchster Beglückung führt, aber auch leicht störbar ist. Daher verlangt die Sexualität in besonderem Maß Aufmerksamkeit und Kontrolle.

## Die gegenseitige Treue und Hingabebereitschaft

Ist Treue ein unmoderner Begriff? Oft hört man den Ausspruch, man könne dem Partner doch keine lebenslange Treue versprechen. Man wisse nicht, wie man in 20 Jahren denke und fühle, daher sei es besser, keine Ehe einzugehen, die mit einem Treueversprechen verbunden ist. Das ist auch rational begründbar, und doch heiratet die überwiegende Mehrzahl der Menschen immer wieder und gibt das Treueversprechen. Diese Handlung geschieht sicher aus Überzeugung, nicht aus Leichtsinn. Wir werden im folgenden sehen, warum das so ist.

Der Begriff Treue hat nicht nur etwas mit tiefer Verbundenheit zu tun, sondern auch mit absoluter Loyalität, Zuverlässigkeit, Füreinanderstehen, Verläßlichkeit und Vertrauenswürdigkeit. Das bedeutet, daß Treue mit einem hohen moralischen Anspruchsverhalten verbunden ist.

Ist dieser moralische Anspruch zu hoch für uns Menschen? Kann er nicht gehalten werden? Es gibt sehr viele treue Menschen, die diese Fragen beantworten, indem sie den Begriff leben. Sie können ihn mit Leben erfüllen, weil unsere Natur ihnen dabei hilft. Starke Bindungsbedürfnisse, Suche nach Schutz und Geborgenheit in der Verbundenheit mit einem anderen Menschen sind uns angeboren. Die sexuelle Appetenz vertieft die gegenseitige Bindung, insbesondere wenn die Sexualität erfüllt ist und mit gegenseitiger Hingabe gelebt wird. Das ist Liebe. Kommt Sympathie dazu, entstehen feste Bande, die ein Leben lang halten können.

Die Fähigkeit zur Hingabe ist eine ererbte Disposition. Sie gibt sich hin, er bringt sich ein in eine Verbindung, wobei die Hingabebereitschaft der Frau deutlich stärker ausgeprägt ist als die des Mannes. Dies mag einerseits an der Biologie der Sexualität liegen – die Frau läßt nun einmal eindringen und gibt dem Mann ihren Körper hin – andererseits ist damit auch eine seelische Hingabe verbunden – sie vertraut dem Mann und gibt ein Stück ihrer Selbstbewahrung auf zugunsten eines »Wir«. Sie empfängt Samen, der möglicherweise in ihrem Körper zu einer Frucht reift, zu deren Austragung und Entwicklung sie den Mann benötigt. Wir sahen bereits, daß die Frau bei der Sexualität Bindung anstrebt. Nur in der Hingabe kann die Frau sich in ihrer Sexualität voll entfalten. Natürlich kann sie auch Sexualität ausüben und einen Höhepunkt erreichen ohne Hingabe, qualitativ ist das jedoch ein anderes Erleben. Das umfassende glückliche Empfinden bei einer vollen Hingabe ist das eigentliche tiefgreifende Erlebnis, was wirklich bindet und Treue zur Folge hat.

Die Hingabebereitschaft hat in der heutigen Zeit deutlich nachgelassen. Sie ist immer verbunden mit Zurückstellung des eigenen Selbst zugunsten des anderen. Das setzt Vertrauen voraus, denn die Gefahr der Ausnutzung durch den anderen ist groß. Ängstliche Menschen, die um ihre Selbstbewahrung kämpfen, können sich nicht hingeben. Auch sind die vielen negativen Beispiele auseinanderbrechender Bindungen nicht gerade ermutigend. Das ist ein Teufelskreis, denn je weniger Hingabebereitschaft da ist, um so lockerer ist die Bindung und um so eher geht sie auseinander.

In der gesamten Gesellschaftsordnung stellen wir mangelnde Kontinuität fest, die Vertrauen nimmt. Bruch mit der Tradition, Aufgabe der Verwurzelung durch geforderte Mobilität, schnellebige Mode, Design und Technik – Attribute der Wegwerfgesellschaft – sind äußere Merkmale unserer Zeit. In diesem Zusammenhang sind auch häufige Partnerwechsel und Scheidungen zu sehen. Man geht auseinander und fängt etwas Neues an, anstatt die Schwierigkeiten zu meistern.

Unter dem Aspekt des starken Individualismus der heutigen Zeit tritt die Selbstverwirklichung in Konkurrenz zu der Hingabebereitschaft. Dieser Konflikt ist besonders stark bei Frauen ausgeprägt. Sie kämpfen noch um die Anerkennung ihrer Menschenwürde, ihres Könnens, ihrer Leistungsfähigkeit und ihrer Persönlichkeit. So heißt es von Gorbatschow, daß der russischen Öffentlichkeit seine Äußerung vor amerikanischen Journalisten vorenthalten wurde, er bespreche alle Probleme, auch die von höchstem staatspolitischem Interesse mit seiner Frau Raissa. Dieses Verhalten sollte unter Eheleuten selbstverständlich sein. Doch auch bei uns kann man sich noch schwer vorstellen, daß die höchsten Staatsämter wie das des Bundespräsidenten oder Bundeskanzlers von einer Frau bekleidet werden. Es gibt noch viele Beispiele, wie wenig man der Frau zutraut und wie wenig man sie anerkennt.

So ist es verständlich, daß die Frau in dieser Phase der Durchsetzung besonders darauf bedacht sein muß, daß sie nicht durch ihre Bereitschaft zur Hingabe ausgenutzt wird und in das alte Rollenverhalten zurückfällt.

Männer sind in der Selbstbewahrung immer große Meister gewesen. Wahrscheinlich liegt das daran, daß sie erhebliche Widerstände entwickeln gegen alles, was sie schwächen könnte und ihrer umfassenden Persönlichkeitspotenz abträglich wäre. Geben sie sich jedoch ganz in eine Verbindung ein und die Frau spürt Vertrauenswürdigkeit und kann zur vollen Hingabe fähig werden, profitieren sie sehr. Ihr Glück strahlt auf sie über, festigt auch ihre Bindung und motiviert zur Treue.

Ein Störfaktor für die Treue des Mannes ist allerdings seine sexuelle Veranlagung. Auch in einer festen Bindung spricht er leicht auf sexuelle Reize anderer Frauen an und ist daher bei nicht gefestigter Moral leicht zu einem Seitensprung fähig, der allerdings zunächst seine Bindung nicht in Frage stellt. Frauen sind gegen diese Art der Verführung von Natur aus geschützt. Leben sie in einer erfüllten Bindung zu einem Mann, sind sie weitgehend gefeit gegen Nebenbuhler. Ist die Frau allerdings unzufrieden, unerfüllt und frustriert, hat ein anderer Mann große Chancen, bei ihr als »Freund und Helfer« anzukommen.

Die Bindungsbedürfnisse des Mannes motivieren ihn zur Treue. Selbst in einer polygamen Ehe gab es immer eine Lieblingsfrau. Auch Männer haben den Wunsch nach Geborgenheit und Sicherheit, die sie in der Bindung an eine Frau finden. Die Bindungsbedürfnisse des Mannes sind in jungen Jahren jedoch noch nicht sehr ausgeprägt. Sie sind in dieser Zeit noch zu dynamisch, wollen die Welt kennenlernen und erobern, möchten jedoch auch ihre Sexualität ausleben und suchen ihre Opfer. Untreue ist die Folge. Geknickte Blüten bleiben zurück, denn jede Frau ist frustriert, wenn sie das Gefühl hat, nur zum Ausleben seiner Sexualität gut zu sein. Wie wir bereits sahen, strebt die Frau fast immer Bindung an mit dem Mann, mit dem sie sich intim vereinigt. Im Liebesgeflüster werden viele Versprechungen gemacht, die nachher nicht gehalten werden.

Ist der Mann in der Ehe eine feste Bindung eingegangen, die von Liebe und Sympathie getragen wird und mit vielen Worten und Beteuerungen auf ein lebenslanges Glück eingeleitet wurde, ist er, wie wir sahen, nicht gefeit vor Seitensprüngen. Gerade bei einer langjährigen Ehe, die gut lief, bei der natürlich im Sexualbereich der Alltag eingekehrt ist, kann der Reiz des Außerehelichen, Neuen einmal sehr verführerisch sein. Was als ein kleines, nicht ernstes Abenteuer begann, kann sich zu einer Lawine entwickeln. Der Mann wollte nur seine sexuelle Appetenz ausleben, das begehrte Opfer stellt jedoch Bindungsansprüche. Häufig muß auch der Mann beim Liebesgesäusel, um zum Erfolg zu kommen, sein bisheriges Leben als negativ darstellen. Schon hat er sich verstrickt. Besonders schwierig ist es, wenn die Begehrte beispielsweise eine Arbeitskollegin ist, die er täglich sieht und der er nicht ausweichen kann. Nicht selten zerbrechen auf diese Art und Weise Ehen.

Erfährt die Frau von der Beziehung des Mannes und die Ehe wird trotzdem fortgesetzt, ist sie von anderer Qualität. Der Vertrauensverlust und die Untreue des Mannes stellt die tiefste Verletzung für die Frau dar, die möglich ist. Ihr Leben ändert sich. Der tägliche Umgang ist von Frustration, Skepsis und Mißtrauen geprägt. Ein harmonisches, von Liebe getragenes gemeinsames Leben ist nicht mehr möglich. Oft geht schließlich doch die Ehe auseinander.

Eine zerbrochene Ehe bringt viele menschliche und wirtschaftliche Komplikationen mit sich, die oft eine schwere Hypothek für die neue Bindung darstellen. Dasselbe Spiel geht sowieso wieder von vorne los. Die Untreue aus Leichtsinn lohnt sich wirklich nicht. Trotzdem gibt es viele Männer, die ihre polygamen Bedürfnisse ausleben. Oft halten sie auch an der Ehe fest, weil dies für sie wirtschaftliche und versorgungstechnische Vorteile hat. Nach außen wird dann Loyalität und Treue demonstriert. Jahrhundertelang mußten sich die Frauen derart demütigen lassen. Die Männer hatten das Geld, und damit die Macht! Haben Frauen jedoch eigenes Einkommen und sind finanziell unabhängig, können sie weit weniger unterdrückt werden und sind freier in ihren Entscheidungen. Für sie ist es schwierig geworden, sich allein auf die Treue, Zuverlässigkeit und Loyalität des Mannes zu verlassen. Zu schnell kehren sich die Vorzeichen um, ein Mann entgleist sexuell und landet bei einer anderen Frau. Ein treusorgender Vater kann dann sehr schnell zu einem Gegner und Kämpfer für die eigenen Vorteile werden. Auch für einen Mann ist es bitter, wenn seine Frau geht. Er muß dann unter Umständen sein Einkommen teilen, und der Rest reicht nicht mehr für die Ernährung einer neuen Familie.

Zu allen Zeiten wurden Frauen für den außerehelichen Geschlechtsverkehr der Männer verantwortlich gemacht, obwohl überwiegend die Männer die Initiatoren dafür sind. Frauen wurden früher als Huren verstoßen, Männer gaben keine Schuld zu. Auch heute noch machen selbst Frauen die Geliebte des Mannes für dessen Untreue verantwortlich, obwohl ja schließlich er aus der Ehe ausbricht und seiner Verpflichtung zur Treue nicht nachkommt. Hierbei spielen Selbstschutzmechanismen für die betrogene Frau eine Rolle, die es nicht ertragen kann, daß ihr Mann sich von ihr abwendet und eine Liebesbeziehung zu einer anderen Frau aufnimmt. Ist er verführt worden, wird er in die Rolle des Passiven, Unschuldigen gedrängt, und die betrogene Frau kann das Idealbild ihres Mannes aufrechterhalten und fühlt sich nicht minderwertig. Sie weiß natürlich auch instinktiv, daß eine andere Frau mit Reizen locken kann.

Bei außerehelichen Beziehungen des Mannes spielt auch häufig die Abenteuerlust eine Rolle. Der Reiz des Verbotenen ist prickelnd. Es ist ein Spiel des Vertuschens und Verheimlichens wie bei »Räuber und Gendarm« und gibt dem Leben des Mannes eine spannende Note. Es ist ein gefährliches Spiel. Der Preis ist hoch, wenn die Sache auffliegt. Im umgekehrten Fall halten Frauen solche Spannungen schlecht aus. Sie leiden eher darunter und neigen zur Klärung der Situation.

Hohes Verantwortungsbewußtsein muß der Mann entwickeln, um mit seiner Triebdynamik umzugehen. Das freizügige Ausleben seiner sexuellen Impulse führt zu menschlichen Tragödien, die destruktiv sind und auch sein Leben belasten. Nur in der Prostitution kann er unverbindlichen Sex haben. Das geschieht heimlich, diskret. Nach außen wird zur Treue gestanden, der Mann spielt den Biedermann. Seine Triebimpulse durchkreuzen aber seine moralische Haltung. Das sehen wir auch bei Pfarrern, die sehr oft ihrer Kirche und dem moralischen Gebot Gottes untreu werden. Katholische Priester brechen unter Umständen das Zölibat, evangelische die Ehe.

Die Frau hat es leichter. Sie ist von Natur aus treuer und bindungsstärker. Selbst wenn der Mann im Gefängnis sitzt, bleibt sie ihm oft treu, was umgekehrt seltener vorkommt. Sie läßt in der Regel erst vom Partner los und wendet sich einem anderen zu, wenn sie sehr enttäuscht ist. Dann ist die Situation allerdings sehr ernst. Der lockere Seitensprung der Frau tritt nicht sehr häufig auf. Erfährt der Mann davon, ist er sehr in seinem männlichen Stolz, der viel mit Besitztrieb zu tun hat, getroffen. Es ist auch für ihn eine Kränkung, die er nur sehr schwer verkraften kann.

Untreue, die eine mangelnde Selbstkontrolle der eigenen Triebdynamik voraussetzt, ist immer destruktiv. Treue ist eine hohe moralische Aufgabe, die die Gemeinschaft schützt. Sie setzt Zuverlässigkeit und Vertrauen voraus und gibt dem einzelnen Sicherheit, und damit Freiheit für neue Aufgaben.

## Die Selbstverwirklichung; Frau und Beruf

Der Begriff »Selbstverwirklichung« bezieht sich meistens auf Frauen, selten auf Männer. Offenbar haben sich die Männer über Jahrtausende wohl gefühlt. Sie lebten ihrer Natur gemäß und hatten alle Entfaltungsmöglichkeiten; sie konnten sich immer als Mann verwirklichen.

Die Frauen dagegen durften Mutter sein und ihre Fürsorgebereitschaft ausleben, wurden aber in weiten Bereichen des sozialen Lebens und bei der Entfaltung der intellektuellen und geistigen Fähigkeiten beschnitten. Die subtile Macht, die sie über Männer durch die Sexualität im Sinne der Verführung und Verweigerung hatten und durch ihre verbale Kritikmöglichkeit im häuslichen Bereich, reichte nicht aus, ihnen zu Ansehen und Würde zu verhelfen. Hierzu gehören Wissen, Können und Geld. Der Zugang zu diesen Bereichen war ihnen aber verwehrt. Da Muttersein und Aufopferung für die Kinder und die Familie nicht das Einkommen der Familie erhöhen, haben sie höchstens einen ideelen Wert, der aber nicht zu sozialem Prestige führt. Das beobachten wir bis in die Gegenwart. In allen Kulturen, in denen die Frau beispielsweise durch handwerkliche oder gärtnerische Fähigkeiten ein eigenes Einkommen hat, ist ihr Stellenwert in der Gesellschaft höher.

Die Frau mußte sich folglich aus der sozialen Unterdrückung und finanziellen Abhängigkeit vom Mann emanzipieren, um gleiche Achtung und Menschenwürde wie der Mann zu erfahren. Sie hatte auch das Bedürfnis, ihre intellektuellen und kreativen Möglichkeiten zu entfalten, was der Mann schon immer konnte. Hieraus entstand als natürliche Folge der Begriff *Selbstverwirklichung*. Da die Verwirklichung der Frau als Mutter schon immer gegeben war, wird der heutige Begriff einseitig auf den Ausbau der Möglichkeiten im Bereich Wissen und Können angewandt.

Die Frau von heute strebt nach geistiger Entfaltung, nach Berufstätigkeit, nach Einkommen und nach Unabhängigkeit, um sich als freier Mensch zu fühlen. Dieses Streben ist sicher gut und richtig, wird aber derzeit vielfach überbetont. Die Frau kann sich nicht lösen von ihrem Wunsch nach Mutterschaft und ihrem angeborenen Hang zur Fürsorge und Betreuung des Nachwuchses. Lehnt sie die Mutterschaft ab, verzichtet sie auf eine der größten Glücksmöglichkeiten im Leben. Gibt sie die Betreuung ihrer Kinder in fremde Hände, entstehen Schuldgefühle, mit denen sie sich immer wieder auseinandersetzen muß. Dieser Muttertrieb ist angeboren, nicht narzistisch und egoistisch.[20]) Elisabeth Badinter behauptet, die Frau wolle das eigene Ich befriedigen und bereichern. Dies ist eine typische geistige Überinterpretation, die sich von der natürlichen Realität weit entfernt.

Aus der Respektierung des Muttertriebes ergibt sich, daß eine gelungene Selbstverwirklichung nur in einer Synthese dieser Bestrebungen von Mutterschaft und beruflicher Tätigkeit erreicht werden kann, die in Lebensperioden zeitlich gegliedert sein muß. Dies muß die Gesellschaft der Frau ermöglichen.

Schauen wir uns das detaillierter an: Auch die heutige Gesellschaft entwertet Hausfrauen und Mütter. Gerade die Emanzen, Bahnbrecherinnen für die weibliche Gleichberechtigung, reden den Frauen ein, daß sie durch die Kinderbetreuung und Hausfrauentätigkeiten erniedrigt würden und nur etwas wert seien, wenn sie sich im Beruf beweisen würden. Männer und Institutionen könnten die Kinder ebenso versorgen. Dabei vernachlässigen diese Emanzen völlig die angeborenen Bedürfnisse der Frauen. So gab es 1989 beispielsweise eine bundesweite Befragung durch das Bundesinstitut für Berufsbildung von 1300 Jugendlichen und jungen Erwachsenen mit dem Ergebnis, daß bei der Geburt eines Kindes 80 % der Frauen ihren Beruf aufgeben wollten. Dahinter stehen sicher keine alten Rollenklischees, sondern Bedürfnisse

---

[20]) Elisabeth Badinter, Ich bin Du, S. 241

der Frauen. Eine gesunde Mutter will ihr Kind selbst versorgen. Sie hegt und pflegt gerne, das bringen Muttertriebe so mit sich. Wir sahen das Kibbuzexperiment, welches mit gleicher Arbeitsteilung bei Mann und Frau anfing. Nach einiger Zeit war jedoch wieder die alte Rollenverteilung vorhanden, weil Frauen keine Lust hatten, sich um Feldbestellung oder Politik zu kümmern, wenn zu Hause die Kinder weinten. Ist denn das Hausfrauendasein tatsächlich so bedauernswert?

Die Hausfrau könnte im Gunde genommen sehr zufrieden sein: Die Arbeit ist unabhängig und in der Kindererziehung liegt viel Verantwortung, sie wird geistig durch die Kinder gefordert, und sie ist selbständig. Sie kann bestimmen, was sie zu welcher Zeit tut, wieviel Zeit sie für bestimmte Arbeiten aufbringen will, sie kann kreativ sein im Kochen, im Kunsthandwerk oder in der Beschäftigung mit den Kindern. Durch die Technik im Haushalt ist vieles leichter geworden, aber dafür gibt es weniger Hilfen. Die Fülle der anfallenden Arbeiten ist mit Kindern sehr groß. Es gibt keine Fünf-Tage-Woche. Das alles wäre sicherlich leichter hinzunehmen, wenn diese Tätigkeit bezahlt würde. Doch zur Zeit hat die Hausfrau kein eigenes Einkommen, welches Ansehen und Sicherheit verschafft. Hinzu kommt noch die gravierende Tatsache, daß sie wegen dieser hochqualifizierten Tätigkeit diskriminiert wird. Gesellschaftlich ist sie »nur« Hausfrau. Lob und Bestätigung bleiben aus, denn auch die Ehemänner betrachten alles als selbstverständlich und lassen sich gerne zusätzlich noch bedienen, da sie ja müde von der Arbeit nach Hause kommen. Außerdem verdient der Mann das Geld! Mühsam haben die Frauen erreicht, daß ihnen ein Taschengeld zusteht, was sie aber de facto selten bekommen. Die Realität sieht häufig anders aus. Viele Frauen bekommen ihr Haushaltsgeld, was für die Bedürfnisse der Familie vorgesehen ist. Möchten sie sich aber zum Beispiel einmal ein Kleid kaufen, müssen sie den Mann fragen und darum bitten. Wie unzumutbar und unwürdig dieser Zustand ist, machen sich die Männer und die Gesellschaft nicht klar. Zu viele Männer bringen es nicht fertig, ihr Einkommen als beiden gehörig anzuerkennen – wie dies juristisch ja auch zutrifft – und der Frau zuzugestehen, daß sie mit ihm zusammen frei darüber verfügen kann. Viele Männer können sich vom Machtmittel Geld schwer trennen.

Klappt etwas in der Entwicklung der Kinder nicht, ist meistens die Mutter schuld. Durch die Psychoanalyse, deren Bedeutung allgemein nicht in Frage gestellt wird, wurde die Mutter zum großen »Buhmann«. Viele ErziehungsberaterInnen überhäufen die Eltern, speziell die Mutter, mit Vorwürfen über angebliches Fehlverhalten in der Erziehung und vergessen dabei, daß der überwiegende Teil der Mütter nach bestem Wissen und Können gehandelt hat. Jede Frau verfügt aufgrund ihrer Persönlichkeitsstruktur, ihrem Wissen und ihrer Erfahrung aus der eigenen Lebensgeschichte nur über ein bestimmtes Aktionspotential und Verhaltensrepertoire, und jedes Kind bringt seinen eigenen, zum Teil wenig wandelbaren Charakter mit auf die Welt. Was von wem für wen in welchem Augenblick die richtige Handlungsweise ist, ist äußerst schwer zu entscheiden und nachher immer leichter zu bestimmen. Zudem ist die Milieutheorie, die besagt, daß der Mensch nur ein Produkt seiner Erziehung ist, überholt. Außerdem ist zu bedenken, daß auch eine Mutter einmal müde, überfordert und nicht immer ausgeglichen und nur rational gesteuert sein kann. Es gibt auch keine klaren Richtlinien, wie ein Kind zu erziehen ist, denn was für das eine Kind gut sein kann, ist möglicherweise für das andere schlecht. Zu viel Liebe – zu viel Strenge – wieviel, wovon, für wen? Aus all dem ergibt sich, welch äußerst schwierige Aufgabe die Erziehung ist. Wenn sie dann noch Undankbarkeit, Schuldzuweisungen und Vorwürfen ausgesetzt werden, ist es den Frauen kaum zu verdenken, daß sie die Erziehungsaufgaben gerne an Institutionen delegieren. Die Rolle der Mutter erfährt keine Würdigung mehr; den Müttern bleibt nur eine allgemeine Verunsicherung.

Wenn ein junger Mensch es wagt zu sagen, er liebe seine Mutter, dann läuft er Gefahr, von Gleichaltrigen belächelt zu werden als jemand, der sich nicht abgelöst hat und keine eigene Entwicklung eingeschlagen hat. Widerspricht Mutterliebe wirklich der Individuation? Auch wenn man jemanden liebt, kann man sich als Mensch frei entfalten und eine eigene Persönlichkeit sein!

Andererseits kann sich die Frau und Mutter in der schönsten Weise über die Kinder selbst verwirklichen. In der Liebe zu ihren Kindern erfährt sie einen emotionalen Reichtum, der mit nichts im Leben vergleichbar ist, auch wenn es Höhen und Tiefen gibt. Sie bekommt unendlich viele Anregungen durch Interessen, Fähigkeiten und Aktivitäten der Kinder. Hierin liegt eine faszinierende Möglichkeit zur Entfaltung und Bereicherung der Mutter. Aber auch Menschen heranbilden und sie für das Leben tüchtig machen ist eine große Aufgabe. Je reifer und gebildeter die Mutter ist, um so besser kann sie der Aufgabe gerecht werden. Das Sprichwort »wie man in den Wald hineinruft, so schallt es heraus« trifft auch auf die Mutter-Kind-Beziehung zu. Ist eine Mutter nervös und unzufrieden, sind die Kinder unruhig, gereizt und aggressiv, und der Umgang mit ihnen wird zur

Qual. Eine liebevolle, ausgeglichene Mutter, die Konsequenz im Handeln zeigt, vernünftig ist und nicht maßlos verwöhnt, erlebt viel mehr Freude bei der Erziehung, da die Kinder im Fühlen und Handeln geordneter sind und Geborgenheit und Halt in einer sicheren liebevollen Führung spüren.

Die Hausfrau und Mutter muß sehr aufpassen, daß sie nicht von ihrer Familie aufgezehrt wird. Sie muß für sich persönlich etwas Freiraum fordern, sie muß auch einmal alleine sein dürfen, das gibt Luft und Kraft für die weitere Familienarbeit.

In Bezug auf die Rolle der Hausfrau und Mutter muß ein Bewußtseinswandel einsetzen. Darin liegt eine Aufgabe des Familienministeriums, aber auch der Medien. Warum kann es nicht allgemein gebräuchlich werden, daß der Hausfrau die Hälfte des Einkommens des Mannes zusteht und auf ein eigenes Konto überwiesen wird? Beide tragen dann zu allen Kosten der Familie gleichermaßen bei. Arbeitet die Frau zusätzlich, dann müßte das Einkommen anteilsmäßig geteilt werden. Selbstverständlich sollte dann auch sein, daß der Mann sich am Haushalt beteiligt und besonders an Wochenenden die Hausarbeit und Kinderbetreuung geteilt wird. Bis dahin ist noch ein langer Weg. Männer sind ihrer Natur gemäß machtstrebiger als Frauen. Viele werden sich mit allen Mitteln wehren, das Machtmittel Geld aus der Hand zu geben. Zumindest müssen in der Zukunft Kompromisse gefunden werden, wie die Frau generell für die Hausarbeit entlohnt werden kann.

Frauen haben heute oft eine gute Schulbildung und qualifizierte Berufsausbildung erfahren, in die viel Zeit und Geld investiert wurde und in die viele persönliche

Interessen einfließen. Es ist verständlich, daß Frauen auch diese Seite ihres Wesens ausleben wollen. Sie schätzen auch eigenes Einkommen als Instrument zur freien Selbstbestimmung und außerhäusliche Tätigkeit als soziale Integrationsmöglichkeit. Den Frauen, die sich für den Berufsweg entscheiden, sollten alle Möglichkeiten offenstehen.

Die Berufswelt ist ein Tummelplatz für Machtkämpfe, die den Männern adäquat sind. Die Männer demonstrieren viel Imponiergehabe, was sich in der Sprache, im Tonfall, in Gebärden, in der Kleidung, aber auch in der Zeiteinteilung mit Überstunden und Konferenzen abends zeigt, womit sie demonstrieren, wieviel Streß sie haben. Frauen müssen in dieser Zeit zu Hause sein, denn sie wollen wenigstens ihre Kinder ins Bett bringen. Wie sollen sie folglich in solch einer Berufswelt gleichberechtigt sein? Männer reden sicher und wie Weltmeister über Dinge, von denen sie nichts verstehen, denn Nichtwissen zuzugeben ist für sie Schwäche.

Hinzu kommt, daß die Frauen für sich selbst wenig fordern können. Es werden daher in der Regel die Frauen in der Arbeitswelt schlechter bezahlt als Männer. Unzählige Frauen haben das Problem, daß sie sich ausnutzen lassen. Das ist bedingt durch ihre Konfliktscheu. Vielen Frauen fällt es äußerst schwer, sich offen den Wünschen anderer zu widersetzen. Das schwächt ihre Position. Sie wollen sich auch nicht besser darstellen als andere. Angeberei und Protzen ist unter Frauen verpönt, denn das stört die für sie wichtige Kommunikationsebene; bei Männern gehört das jedoch mit zu den Wettkampfstrategien um den Status. Das Darstellen der eigenen Leistung ist für den Mann eine Selbstverständlichkeit, die Frau bewertet dies jedoch moralisch als schlecht. Wenn aber eine Frau nicht ihre Überlegenheit darstellt, wird sie leicht als schwach und unterlegen eingestuft. Versucht sie sich aber dem Stil des Mannes anzupassen, stößt sie wieder auf Ablehnung und wird als unweiblich abqualifiziert. Paßt eine Frau sich zu sehr den männlichen Strategien an, empfindet sie sich auch selbst irgendwann als gefühlsarm, hart und innerlich leer. Sie spürt schmerzlich den Verlust ihrer Weiblichkeit.

Es steht außer Frage, daß es für eine Frau sehr schwer ist, sich in der Arbeitswelt gegenüber dem Mann durchzusetzen. Sie hat von den Anlagen her die schlechteren Karten für den Kampf in der Berufswelt. Dort muß sie sich aber mit den Männern auseinandersetzen, die Lust an Rangkämpfen und Aggressionsspielen haben. Zumindest, wenn die Frau eine höhere Position erreichen will, muß sie diesen Kampf aufnehmen, denn die Arbeitswelt ist immer verbunden mit Rangkämpfen. Das war schon immer so und wird auch immer so bleiben, da Dominanzstreben ein Teil der Selbstbehauptung ist und damit wichtige Ich-Funktionen übernimmt. Da das Aggressionspotential und Statusdenken biologisch bei den Männern weit stärker ausgebildet ist als bei den Frauen, müssen sie in der Arbeitswelt mitkämpfen, wollen sie nicht ausgenutzt werden. Das wiederum möchten eben viele Frauen nicht. Ihre reiche Gefühlswelt, ihr Harmoniebedürfnis, ihr Kommunikationsstreben muß hierbei unterdrückt werden, und sie müssen gegen ihre Natur handeln. Viele Frauen scheuen diese Auseinandersetzungen und streben daher keine ranghohen Positionen an. Die Karrierefrau muß sich bis heute den Männern sehr angleichen, sonst wird sie nicht ernstgenommen. Sie entfremdet sich daher in ihrer Weiblichkeit von sich selbst. Vielleicht lernen Männer noch, die Frauen in ihrer Andersartigkeit als bereichernde Kolleginnen zu schätzen. Die Frau kann Intellekt, Kommunikationsfähigkeit, Einfühlsamkeit und Durchsetzungsfähigkeit verbinden, hat oft ein besseres Gespür für Menschen und Situationen und kann durch eine geglückte Synthese von Denken und Fühlen und durch ihre Beziehungsfähigkeit in der Arbeitswelt neue Dimensionen eröffnen. Die Berufskarriere erfordert aber auf jeden Fall von der Frau sehr viel Zeiteinsatz, den eine Frau, die auch Mutter ist, kaum erbringen will und kann.

Es ist interessant, daß sich in den Führungspositionen der Wirtschaft nur insgesamt 2% Frauen befinden, wie jüngste Statistiken zeigen. In den Vorständen der deutschen Aktiengesellschaften sind es derzeit 0,7% und in den Aufsichtsräten 0,3%. Erst in der zweiten Führungsebene finden sich 6-8% Frauen (Abteilungsleitung, Referate, Personalleitung). Dies liegt nicht nur daran, daß die Betriebe ungern Frauen befördern oder für Spitzenpositionen einstellen, sondern auch daran, daß nicht genügend weibliche Bewerberinnen vorhanden sind. Die Frauen, die die oberste Führungsebene erreicht haben, hatten über weite Strecken ihres beruflichen Lebens väterliche freundschaftliche Mentoren, die sie förderten. Sie sind leistungsbewußt, arbeiten mit männlichen Strategien und sind überwiegend, oft ungewollt, kinderlos.

Wie schwer sich eine Frau im Berufsleben tut, sei an folgendem Beispiel erörtert: Eine Frau hat die Ausbildung zum Bauingenieur, einem klassischen Männerberuf, absolviert. Durch gute Leistung und Kompetenz rückte sie auf eine freiwerdende Stelle als Bauleiterin innerhalb des Betriebes auf. Sie hatte sich nicht um die Stelle beworben, die Betriebsleitung bot sie ihr an, da sie als einzige Mitarbeiterin die nötige Sachkenntnis besaß. Sie leitete mit gutem Erfolg eine Abteilung mit 30 Männern, die Bauarbeiter und damit rangniedriger waren, und bei denen sie sich ohne Mühe durchsetzen konnte. Auch mit Firmen konnte sie sachlich hart verhandeln. Zu ihrer Entlastung wurde ein Mitarbeiter eingestellt, der auch Bauingenieur war, ihr aber unterstellt wurde. Bald nahm dieser den Statuskampf auf. Als erstes schlug er vor, daß sie »du« zueinander sagten, da sie jung und etwa gleichaltrig waren. Sie willigte ein, denn für sie bedeutete das gute Kommunikation. Aus Statusperspektive hat er sie damit im Rang erniedrigt und auf gleiche Ebene gestellt. Danach fing er an, Anweisungen selbst zu treffen, die ihrer Entscheidungsbefugnis unterlagen. Angeblich wollte er sie damit entlasten. Aufkommende Fragen besprach er nicht mit ihr, sondern gleich mit dem Chef. Er überging sie und gab vor, ihre Zeit nicht in Anspruch nehmen zu wollen. Nach Feierabend hielt er sich noch lange im Betrieb auf, um Kollegen und seiner Familie zu beweisen, wie beschäftigt er sei. Er machte sich wichtig. Bei Sitzungen übernahm er die Protokollführung und gab Anweisungen mit seiner Unterschrift heraus. Die Bauleiterin durchschaute diese Aktionen, war jedoch unfähig, für ihren eigenen Status einzutreten, ihre Dominanz zu demonstrieren und den Kampf um ihre Position aufzunehmen. Sie war nicht in der Lage, für sich selbst zu kämpfen, obwohl sie das für andere oder für eine Sache sehr gut konnte. Sie reagierte typisch weiblich, fühlte sich persönlich getroffen, zog sich zurück, anstatt zu kämpfen, und wurde schließlich krank, da sie unfähig war, mit weiblichen Mitteln den Konflikt zu lösen.

Dies ist ein typisches Beispiel dafür, wie schwer sich Frauen in der Berufswelt tun können, wenn sie nicht über genügend männliche Strategien verfügen. Es ist ein feines Abwägen nötig, wieviele dieser Strategien sich eine Frau aneignen kann und will, um sich dabei wohlzufühlen und im Einklang mit sich selbst als Frau zu sein. Frauen ziehen es daher häufig vor, solchen Berufssituationen aus dem Weg zu gehen. Sie suchen berufliche Nischen, in denen sie ihre Weiblichkeit ausleben können. Dies sind insbesondere die sozialen Berufe. Diese werden allerdings oft sehr schlecht bezahlt, sicher auch, weil Frauen zu wenig für sich fordern. Sie gehen selten auf die Straße und streiken.

Die berufstätige Frau, die Kinder unter 16 Jahren hat, nimmt auch heute noch einen Arbeitstag von mindestens 14 Stunden auf sich. Das stellte in einem 1990 veröffentlichten Bericht das Deutsche Institut für Wirtschaftsforschung fest. Danach sei ein voll berufstätiger Vater insgesamt 11,5 Stunden täglich am Arbeitsplatz und zu Hause eingespannt, während die erwerbstätige Mutter erst nach fast 14,5 Stunden zur Ruhe kommt. Nachdenklich stimmt auch ein weiteres Ergebnis der Studie: Auch bei einer Teilzeitbeschäftigung haben Mütter mit kleinen Kindern kaum mehr Mußestunden als bei einem Ganztagsjob. Es bleiben an ihnen dann mehr Haushaltsaufgaben hängen. Im Vergleich zu 1985 beteiligen sich die jungen Väter zwar stärker an den häuslichen Belangen, sie konzentrieren sich aber mehr auf die lustvollen Tätigkeiten wie das Spielen mit den Kindern. Einkaufen, Putzen, Waschen, Kochen und Bügeln bleiben wie in alten Zeiten der Frau überlassen. Hierbei ist ein Umdenken der Männer nötig. Hausarbeit ist Lebensarbeit und betrifft alle!

Die Frau muß ihr Leben in bestimmte Phasen einteilen, und die Gesellschaft muß das respektieren. In der Jugendzeit und im frühen Erwachsenenalter überwiegt die Ausbildung und Berufstätigkeit. In der Phase der Kleinkinderziehung muß die Mutter überwiegend zu Hause sein dürfen, auch wenn diese Phase bei mehreren Kindern längere Zeit in Anspruch nimmt. Später muß eine schrittweise Wiedereingliederung in den Beruf möglich gemacht werden, sollte eine Frau dies wünschen. Auch Teilzeitarbeiten in qualifizierten Berufen wären eine Hilfe.

Zur Selbstverwirklichung der Frau gehören auf jeden Fall auch die Mutterschaft und das Ausleben des Betreuungsverhaltens für ihre Kinder. Wir sollten aufhören, den Frauen einzureden, Männer oder Institutionen könnten ihnen diese Aufgabe abnehmen. Wir übergehen dabei angeborene Bedürfnisse unserer Natur, was uns unglücklich macht. Wir sollten endlich aufhören, Hausfrauen zu diskriminieren, die sich für diese Verwirklichung ihrer Weiblichkeit entschieden haben und sich dabei voll entfalten können, wenn sie geachtet und würdig behandelt werden. Die ungeheure Bürde der Doppelbelastung von Beruf, Hausfrauen- und Mutterdasein kann nicht das alleinige Glück auf Erden bedeuten. Natürlich verzichtet die Familie auf Einkommen, und der Lebensstandard wird geringer. Das muß abgewogen werden. Ein Verzicht auf Kinder zugunsten des Einkommens und der Berufstätigkeit ist eine Entscheidung, die zu innerer Einsamkeit, Isolation und Entfremdung führen kann, was von den Betroffenen oft erst im Alter wahrgenommen wird. Mutterschaft ist eines der beglückendsten Erlebnisse im Dasein einer Frau und bringt eine tiefe Erfüllung, die durch den Beruf nie erreicht werden kann. Sie führt zur Erfahrung einer tiefen Liebe, die das Leben einer Frau derart bereichert, daß sie glücklich ist. Dieses Glück kann erheblich beeinträchtigt werden durch eine zu frühe Überforderung der Frau mit Beruf und Mutterschaft. Die Frau stürzt sich in die leere, kalte, technisierte Arbeitswelt, um Einkommen, Prestige und soziale Kontakte zu haben, oft auch, um den Wohlstand der Familie zu erhöhen. Jede Frau sollte sich überlegen, was sie sich zumuten kann. Beherzigen sollte man den Spruch, daß man nicht alles auf einmal haben kann. Anstelle der Selbstverwirklichung tritt bei Überforderung oft eine Unzufriedenheit, die zerstörerisch wirkt.

Daraus ergibt sich, daß die Gesellschaft nicht nur die berufstätige Frau hochschätzen sollte. Sie fördert dabei Selbstverwirklichung als Egoismus durch Vernachlässigung der Kinder und Familie. Die eigenen Fähigkeiten zu entdecken und zu entwickeln gelingt den wenigsten Frauen im Berufsleben. Dazu brauchen sie Freizeit, und die haben sie bei einer Doppelbelastung nicht. Auf Kinder verzichten zugunsten von Reisen, Wohlstand, Freizeitbeschäftigung kann nicht der Sinn des Lebens sein. Die Liebe fehlt, die Wärme und Erfüllung gibt. Die Frauen spüren das dank ihrer angeborenen Bedürfnisse und haben immer wieder einen starken Kinderwunsch. Die vom Intellekt konstruierte Wertvorstellung der erfüllten berufstätigen Frau würde in ihrer Realisierung zum Aussterben der Gattung Mensch führen. Unsere Natur schützt uns glücklicherweise vor solchen Irrwegen.

## Warum Frauen sich unverstanden fühlen

Häufig fühlen sich Frauen in einer Verbindung mit einem Mann unverstanden, selten ist das umgekehrt. Das liegt daran, daß Frauen der Gefühlssphäre und den zwischenmenschlichen Beziehungen insgesamt mehr Bedeutung zumessen als Männer. Die Unterschiedlichkeit der Anlagen zwischen Männern und Frauen im Denken, Fühlen und Handeln wurde im ersten Teil des Buches bereits ausführlich dargelegt.

Zusammenfassend sei noch einmal folgendes gesagt: Insgesamt denken die Männer zielgerichteter, sachorientierter. Ihr Denken ist vom Gefühl abgekoppelt und wird daher auch nicht von Gefühlen irritiert. Sie interessieren sich mehr für Sachen und Probleme als für Menschen. Daher merken sie oft nicht, was in ihrer Umgebung gefühlsmäßig vor sich geht. Geld, Macht und Prestige sind für sie wichtige Lebensinhalte. Ihr Leben wird definiert durch ihren Beruf. Er bringt ihnen ihre Identität. Dauerhafte persönliche Beziehungen sind dagegen zweitrangig. Freundschaften werden nach Nützlichkeitsprinzipien gepflegt. Auch die Sexualität ist vorrangig eine Sache, nicht so sehr eine persönliche Beziehung zu einem Menschen. Dagegen ist die Bindung an eine Frau, mit oder ohne Sexualität, für sie eine lebensnotwendige Basisbeziehung. Es zeigte sich, daß verwitwete oder geschiedene Männer häufiger krank werden, als statistisch zu erwarten ist, früher sterben und eine erhöhte Suizidneigung haben (Angaben nach Wilfried Wieck).

Für Frauen dagegen sind zwischenmenschliche Beziehungen die wichtigsten Lebensinhalte. Sie sind feinfühliger als Männer, sensibler für Berührungen, Geräusche und Gerüche und nehmen die Signale der Körpersprache leichter wahr. Sie haben Einfühlungsvermögen und verstehen oft besser als Männer, was ein anderer meint, selbst wenn er nichts sagt. Bei den Frauen ist häufiger das Fühlen dem Denken assoziiert, da die rechte und linke Hirnhälfte besser miteinander kommunizieren. Der Beruf ist wichtig als Kommunikationselement, er ist nicht so wichtig zur Erlangung von Prestige. Geld hat für Frauen Nützlichkeitswert und macht frei, ist aber für sie kein erstrebenswertes Machtmittel, was aus Selbstzweck angehäuft werden müßte. In der Sexualität wollen sie Beziehung und Liebe, nicht nur Körperlichkeit.

Es ist verständlich, daß diese unterschiedlichen angeborenen Haltungen zu zwischenmenschlichen Problemen führen können, wenn man den Gleichheitsgrundsatz anwendet: Männer und Frauen sind gleich veranlagt, nur die Sozialisation macht sie zu dem, was sie sind. Folglich kann jeder vom anderen die Haltung erwarten, die er selbst einnimmt. Folgt er der Erwartung nicht, wird ihm Böswilligkeit unterstellt, und der Frust ist groß. In dieser Situation befinden wir uns heute. Es wäre weit sinnvoller, anzuerkennen, daß Männer und Frauen unterschiedlich geprägt und dadurch in einer bestimmten Denk- und Handlungsweise verfangen sind. Durch besseres Verständnis der Eigenarten des anderen entsteht Toleranz, die ein besseres Klima für ein Bemühen um ein positives Miteinander erzeugt.

Frauen klagen in erster Linie darüber, daß die Innigkeit der Beziehung, die sie empfinden, vom Mann nicht in gleicher Weise erwidert wird. Sie will reden, er nicht. Wir kennen die Aussagen vom schweigsamen Mann und der redseligen Frau, die sich gegenseitig auf die Nerven gehen, weil sie konträre Bedürfnisse haben. Wie kommt es dazu? Er kommt abends nach Hause, will möglichst vom Berufsalltag nicht mehr viel reden. Die Frau wünscht aber Anteilnahme an seinem Leben. Sie will kommunizieren. Dazu möchte sie wissen, was er tagsüber denkt, fühlt und tut. Sie will abends mit ihm sprechen, ihm auch von ihren Erlebnissen und kleinen Sorgen berichten, sich austauschen und bei Bedarf trösten oder aufmuntern lassen. Für ihn ist der Alltag jedoch überwiegend von sachlichen Inhalten und vom Handeln geprägt; was er dabei empfindet, weiß er nicht. Nur wenn übertriebene Reaktionen wie Wut, Ärger oder massiver Frust auftauchen, ist er davon betroffen. Aber auch dann spricht er nicht gerne darüber, weil ihm die

Differenziertheit der Gefühlswahrnehmung fehlt und ihm dadurch die Basis für die sprachliche Auseinandersetzung entzogen ist. Er muß diese Qualitäten erst lernen, einer Frau sind sie angeboren. Hierdurch kommt es, daß die meisten Männer lange Zeit abblocken, wenn die Frau über Gefühle reden will und über zwischenmenschliche Beziehungen am Arbeitsplatz oder in ihrer Verbindung. Sie spüren, daß sie der Frau auf diesem Gebiet unterlegen sind, daß die Gefühlssphäre nicht ihr Sachgebiet ist. Welcher Mann nimmt gerne eine Auseinandersetzung auf, bei der er weiß, daß er der Unterlegene ist? Kennt die Frau die anlagemäßigen Schwierigkeiten des Mannes, kann sie ihm Brücken bauen, anstatt Vorwürfe zu machen. Die Diskussion um das Miteinander erhält dann eine andere positive Qualität. Im Alter von 21 Jahren schrieb Jean Paul Sartre an Simone Jovilet: Wenn ich eine echte Empfindung habe, ein Gefühl, das ich für artikulierbar halte, bin ich absolut unfähig, es auszudrücken, entweder, ich stammle, oder ich sage genau das Gegenteil von dem, was ich sagen wollte – oder ich drücke das Gefühl mit geschwollenen Sätzen aus, die nichts besagen-, oder aber, und das ist das häufigste, ich äußere gar nichts, ich fliehe vor jeder Äußerung: das ist das klügste! Im übrigen bin ich jetzt natürlich viel sturer, und ich bin nicht mehr so leicht zu erschüttern.[21])

Oft verzweifelt die Frau daran, daß der Mann zu viel arbeitet. Er kümmert sich dabei zu wenig um die Familie und um die Kinder, die für die Frau der wichtigste Lebensinhalt sind. Das betrifft vor allem Männer in Führungspositionen oder Selbständige, die keine klar begrenzte Arbeitszeit haben. Sie finden kein Ende. Etwas weniger Geld würde nach Ansicht vieler Frauen

---

[21]) Jean Paul Sartre, Briefe an Simone de Beauvoir, zit. nach: Wilfried Wieck, Männer lassen lieben, S. 145

auch ausreichen, um die Familie zu ernähren, wenn daraus ein glücklicheres Familienleben mit Zeit füreinander resultierte. Sie klagen vergebens. Ein Mann definiert sich selten durch ein glückliches Familienleben. Er braucht den beruflichen Erfolg für sein Selbstbewußtsein und seine Selbstbestimmung. Geld bedeutet für ihn Status und Ansehen. Je mehr er davon hat, um so potenter fühlt er sich. Eine Frau will glücklich sein, ein Mann stark. Bei einer Scheidung kämpfen Männer oft einen verzweifelten, unfairen und trickreichen Kampf um ihr Geld, bei dem die Frauen in der Regel den Kürzeren ziehen. Es zeigen sich für sie dabei Eigenschaften eines Menschen, mit dem sie jahrelang zusammenlebten, die sie nie vermutet hätten. Für die Macht des Geldes opfern viele Männer die in unserer Kultur hochangesehenen Charaktereigenschaften wie Zuverlässigkeit, Loyalität, Fairneß und Aufrichtigkeit. Dies sind geistige Errungenschaften, die bei Durchbruch des triebhaften Verhaltens schnell auf der Strecke bleiben.

Sind die Männer beruflich nicht genug gefordert, suchen sie ihre Erfolgserlebnisse in Freizeitbeschäftigungen. Intensive Vereinsarbeit oder sportliche Betätigungen dominieren hierbei, aber auch andere Hobbys werden exzessiv betrieben. Die Familie kommt hierbei wieder zu kurz, es sei denn, sie nimmt an seinen Interessen teil und ordnet sich diesen unter. Zuwendung zu sachlichen Betätigungen wie bei einem Hobby sind für einen Mann wichtiger als die Pflege zwischenmenschlicher Beziehungen. Die Familie hat man ja im Hintergrund, das reicht. Rangkämpfe im Sport sind eine lustvolle Betätigung des Mannes, sie entsprechen seiner natürlichen Kampfbereitschaft. Außerdem kann er hierbei seine Aggressivität ausleben. Posten im Vereinsleben machen ihn bedeutungsvoll. Es ist nicht verwunderlich, daß hierdurch die Bedürfnisse der Frau, die sich um ein gutes Familienleben bemüht, zu dem auch der Vater gehört, völlig unberücksichtigt bleiben. Sie fühlt sich alleingelassen mit der Erziehung der Kinder und mit ihren Sorgen. Wenn Männer diese Gefühle verstehen lernen, werden sie bestimmt bessere Familienväter. Und das erwartet heute die Gesellschaft von ihnen.

Auch ein Kind muß lernen, das Lustprinzip dem Realitätsprinzip zu opfern. Man hat zu vielen Dingen Lust, die den Erfordernissen des Alltags nicht entsprechen und aufgegeben werden müssen.

Auch bei der Verteilung des Einkommens entstehen oft große Meinungsverschiedenheiten. Eine Frau kann das Geld in der Regel besser einteilen als der Mann. Sie sieht, was nützlich und notwendig für die Familie ist. Ein Mann kauft viel eher spontan, was ihm gefällt, ohne Preisvergleiche. Am Monatsende wundert er sich, wo sein Geld geblieben ist. Früher gaben viele Männer ihr Geld zu Hause ab, und die Frauen nahmen die Einteilung vor, insbesondere wenn das Geld knapp war und für den Unterhalt kaum ausreichte, denn die Frauen konnten das Geld besser verwalten. Heute ist mehr Geld da, und auch die Männer sind, wie es unserer Zeit entspricht, selbstbezogener geworden: Es ist *ihr* Geld, und sie geben davon der Frau das »Haushaltsgeld«, das oft nicht ausreicht. Viele Frauen verdienen dazu. Häufig verwenden sie das Geld, das sie durch eine Teilzeitarbeit dazu verdienen, für den Haushalt, für sie selbst bleibt wenig übrig. Der Mann braucht sein Geld für sich. Technische Geräte wie Computer oder Musikanlagen, ein möglichst schnelles und dynamisches Auto, Unbekümmertheit des Geldausgebens in seiner Freizeit sind für ihn wichtiger als Haushaltsausgaben, Essen und Kleidung für die Familie. Dem liegen wieder die bereits erwähnten angeborenen Bewertungen zugrunde. Das großzügige Ausgeben des Geldes in der Öffentlichkeit demonstriert Status: »Ich habe genug Geld!«

Zu Hause sieht das dann oft ganz anders aus. Da muß die Frau ihr Geld opfern, so daß sie sich oft keinen Wunsch mehr erfüllen kann. Das erzeugt bei ihr Bitterkeit. Durch mangelnde Gefühlsqualitäten empfindet der Mann nicht, was er seiner Frau antut. Er ist oft uneinsichtig. Seine Bedürfnisbefriedigung dominiert. Wird er schließlich alleingelassen und die Frau geht, muß er sein Geld teilen. Er klagt dann, die Frau sei die Böse. Er ist draußen in der Öffentlichkeit ja ein so großzügiger, beliebter Mann!

Ordnung und Sauberkeit im häuslichen Bereich sind oft ein Streitpunkt. Für die Frauen ist es wichtig, daß ihr Zuhause ein sauberer, angenehmer Ort ist, in dem sie sich wohlfühlen können. Männer gehen oft sehr unachtsam mit Ordnung und Sauberkeit um. Kochen sie zum Beispiel einmal, fällt es ihnen schwer, die Küche sauber zu verlassen, die Frau muß hinterherputzen. Frauen empfinden seine Unsauberkeit als persönlichen Angriff, denn sie fühlen sich zur Dienstmagd degradiert. Für Männer andererseits ist der Haushalt völlig unwichtig. Der Arbeitsplatz hat einen höheren Stellenwert. Dort wird Unordnung weit weniger toleriert. Andererseits haben sie auch ein weniger gutes Detailwahrnehmungsvermögen, was ein Produkt ihrer männlichen Gehirnstruktur ist. Sie sehen eine schmutzige Fensterscheibe gar nicht und beklagen sich über den Ordnungsfimmel der Frau. Gegenseitiges Wissen um diese Veranlagung kann den Umgang miteinander verbessern.

Da die Frau entsprechend ihrer weiblichen Gehirnstruktur auf Kommunikation angelegt ist, unterhält sie

Frauenfreundschaften. Das ist wichtig für sie. Sie hat in der Regel eine Freundin, mit der sie über all ihre Probleme sprechen kann. Damit wird ein Bedürfnisfeld abgedeckt, das von Männern nie ganz befriedigt werden kann. Lesbische Beziehungen sind in diesen Freundschaften eine Seltenheit. Männerfreundschaften sind dagegen sachbezogen und zweckgerichtet, man tut etwas gemeinsam, über persönliche Pobleme wird selten gesprochen und wenn, dann nur über Äußerlichkeiten, beispielsweise wie handhabe ich dies oder jenes, nicht über Befindlichkeiten. Männer sind oft auf die Frauenfreundschaften eifersüchtig, insbesondere wenn sie abends in Ruhe, ohne Kinder gepflegt werden. Sie fühlen sich zurückgesetzt, eine Freundin ist wichtiger als sie selbst, das stört ihr Statusdenken, umgekehrt lassen sie sorglos die Frau abends alleine und gehen ihren Freizeitbedürfnissen nach.

Ein wesentlicher Faktor in einer Störung der Kommunikation zwischen Mann und Frau ist auch ihr verschiedener Sprachstil, der zu erheblichen gegenseitigen Mißverständnissen führt. Dies wurde im ersten Teil auch an Beispielen des Alltags bereits dargelegt. Auffallend ist, daß Männer in einer Welt der hierarchischen sozialen Ordnung leben, in der es bei Gesprächen um Über- oder Unterlegenheit geht. Das Leben ist für sie ein ständiger untergründiger Wettkampf um Unabhängigkeit und Vermeidung von Niederlagen.

Die Frau dagegen lebt in einer Welt, in der sie als Individuum in ein Netzwerk zwischenmenschlicher Beziehungen eingebunden ist. Für sie ist Intimität wichtig, für ihn Unabhängigkeit. Das betrifft die Mehrzahl der Männer und Frauen. Überschneidungen sind immer vorhanden.

Wegen der Häufigkeit des Vorkommens sei noch einmal folgendes erwähnt: Befehle erteilen ist ein Merkmal, den Status zu erhöhen, Befehle entgegennehmen ist ein Merkmal von niedrigem Status. Männer reagieren auf eine Bitte der Frau, etwas zu tun, abwartend, zurückhaltend, denn es sieht für sie nach Anweisung aus. Die Frau wollte damit aber geholfen haben. Für sie bedeutet die Hilfe Kommunikation, Gemeinsamkeit, und sie fühlt sich frustriert durch die ablehnende Haltung des Mannes. Wiederholt sie ihre Bitte, verstärkt er seinen Widerstand; beide sind verstimmt und es kommt zum Streit. Oder ein anderes Beispiel: Er trifft mit einem Freund eine Verabredung an einem Wochenende, an dem sie nach einer Geschäftsreise Zeit für ihn hätte und mit ihm zusammensein wollte. Sie war gekränkt, weil er erstens seine Pläne nicht mit ihr besprochen hat und zweitens, daß er nicht mehr Sehnsucht nach Intimität mit ihr hat. Er war gekränkt, weil er den Eindruck hatte, sie wolle ihn kontrollieren und in seiner Freiheit beschneiden. So geht es auch mit Dingen, die Männer kaufen, wie wir im ersten Teil sahen, ohne sich mit ihren Frauen abzustimmen. Sie fühlt sich in der Kooperation übergangen und mißachtet, und er, sollte er fragen, fühlt sich gegängelt.

Eine Frau setzt zu oft voraus, daß ein Mann Gespür dafür hat, was zwischen den Worten mitschwingt, was sie eigentlich wünscht oder erwartet. Wird sie sich bewußt, daß sie damit den Mann überfordert, daß dieser mit einem anderen Gesprächsstil, dem der sachlichen Mitteilung, besser zurecht kommt, kann sie sich korrigieren und darauf einstellen, um unnötigen Frustrationen aus dem Weg zu gehen.

Aus Gründen des Statusdenkens können Männer auch äußerst schlecht nachgeben, selbst wenn objektiv die Argumente der Frau besser sind. Nachgeben bedeutet Schwäche. Ein weiser Spruch, »Der Klügere gibt nach«, versucht eine Tugend daraus zu machen, was Männer nur selten nachvollziehen. Die Frauen sind dann oft über die Starrköpfigkeit der Männer verärgert, die einfach wider besseres Wissen nichts annehmen. Sie resignieren, und eine Bitterkeit bleibt, die ihre Intimität stört.

Es ist immens wichtig, daß Männer und Frauen ihre biologischen Wesensverschiedenheiten erkennen und verstehen lernen. Nur so können sie, ohne Erstarren in gegenseitigen Schuldzuweisungen, Auswüchse ihres geschlechtsspezifischen Verhaltens korrigieren und zu einem Mindestmaß an gegenseitiger Anpassung kommen, die ihnen beiden eine befriedigende Lebenserfüllung ermöglicht.

## Die Familie, eine überflüssige Einrichtung?

Seit Menschen auf der Erde existieren, gibt es die soziale Institution der Familie. Diese ist in ihrem Ursprung eine Schutz- und Arbeitsgemeinschaft, die besonders der Aufzucht der Nachkommenschaft dient. Sie besteht aber auch über die Reifungsphase des Nachwuchses hinaus, da die familiäre Gemeinschaft auch die besagten Vorteile für die erwachsenen Familienmitglieder bietet. Ihr zugrunde liegt ein angeborenes Bindungsbedürfnis, das den Zusammenhalt gewährleistet. Auch bei Tieren sehen wir bereits Familienverbände, zum Beispiel bei Affenhorden, Graugänsen, Wölfen, Hyänen, Löwen, Delphinen, Elefanten, Ratten und so weiter. Eine Graugans beispielsweise, die ihren Partner verliert, kehrt in die elterliche Familie zurück. Die Formen des höheren sozialen Zusammenlebens gehen bei Tieren nur über die Familie. Geschwisterrivalitäten wandeln sich beim Kampf ums Dasein in Zusammenarbeit und Hilfsbereitschaft. Die

Integration der Tierkinder in den Familienverband, ihre Mitarbeit beim Überlebenskampf, ist wichtig, wenn sich eine höhere soziale Ordnung entwickelt.

Wir sehen daraus, daß die Familie keine grundsätzlich menschliche Erfindung ist, sondern eine Überlebensstrategie der Natur darstellt.

Wie die Familie schließlich geprägt ist, aus wievielen Mitgliedern sie besteht und wie ihre soziale Struktur ist, zeigt eine große Variabilität. Diese unterliegt Utilitätsprinzipien (Gestaltung nach Nützlichkeit) und wechselte im Laufe der Geschichte bei den verschiedenen Kulturen ihre Form. Eine vorherrschende Agrarwirtschaft bedingt eine Mehrgenerationenfamilie. Nur so kann der einzelne ausreichend versorgt werden. In armen Ländern ist die Mitarbeit und Produktionskraft einer Vielzahl von Kindern eine Notwendigkeit. Dies wiederum bedingt unter anderem die Polygamie. Das Individuum zählt in solchen Großfamilien wenig. Die angeborene Disposition der Gefolgschaftstreue, die Irenäus Eibl-Eibesfeld beschreibt, führt zur Gruppenloyalität, das heißt, für die Gruppe einstehen, unter Vernachlässigung der eigenen Belange.

Durch die industrielle Revolution und den Einzug der Technik kam es zur Arbeitsteilung. Wohnstätte und Arbeitsplatz waren getrennt, die Familie war keine Produktionsgemeinschaft mehr. Auch Lernen und Ausbildung wurden auf Institutionen übertragen. Die Großfamilie zerbrach. Es entstand die Kleinfamilie, bei der das einzelne Individuum mehr Gewicht hatte als die Sippe.

Nun stellt sich heute die Frage: Ist eine Familie überhaupt nötig; muß man eine Ehe schließen, um im Daseinskampf zu überleben? Ist nicht jeder in seinen Entfaltungsmöglichkeiten freier, wenn er ungebunden ist? Im Sozialstaat können Institutionen vieles übernehmen, was früher Familienaufgabe war. Und doch entschließen sich wieder zunehmend junge Paare für die Ehe und damit für die Gründung einer Familie! Im tiefsten Inneren spürt der Mensch, daß lose Einbindungen, wie dies im Sozialstaat der Fall ist, seinen innersten Bedürfnissen nicht genügen. Der Drang nach einer festen emotionalen Beziehung ist so stark, daß er sich durchsetzt. Durch Staat und Kirche legitimiert, wird diese Bindung gefestigt. Man sagt ein klares Ja zum anderen, ohne offene Hintertüren. Diese klare Willensentscheidung ist die Basis für Identifikation und Vertrauen, die dem einzelnen Menschen Sicherheit und Geborgenheit gibt. Damit wird er stark und frei für andere Aufgaben. Liebend eingebunden sein in eine Familie ist das Gegenstück zu einem beziehungslosen »in die Welt geworfen sein«, was die Frage nach dem Lebenssinn aufkommen läßt.

Die Natur hat dem Menschen den starken Bindungstrieb mitgegeben, der ihn befähigt, eine Ehe zu führen. Die Ehe, und damit die Familie, ist das Kernstück einer jeden sozialen Gemeinschaft. Es gibt keine Kultur ohne Familienverbände.

Ganz wesentlich ist die Familie für das Heranwachsen der Kinder. Das Kleinkind braucht für die Entwicklung von Urvertrauen, Sicherheit und Gefühlsqualitäten feste liebevolle Bezugspersonen. Dies gewährleistet nur der individuelle Familienverband, keine Institution. In diesem findet das Kind Vertrauen, was die Fähigkeit zur späteren Freundschaft ermöglicht. Wärme, Nähe, Geborgenheit und die Kontinuität der Bezugspersonen sind für eine gesunde Entwicklung des Menschen unbedingt notwendig. Erschreckend nimmt die soziale Depravation (Verwahrlosung) der Jugendlichen zu: brutale rohe Gewalt, selbstzerstörerischer Drogenkonsum und Kriminalität sind auch die Ergebnisse einer mißglückten Familienpolitik. Angstneurosen treten ebenfalls zunehmend häufiger auf.

Mütter müssen ihre Kinder versorgen können und dürfen nicht in einer falsch verstandenen Propaganda der Selbstverwirklichung ihre Berufskarriere an erste Stelle setzen oder dem Konsumzwang unterliegen und deswegen arbeiten gehen. Eine Fremdbetreuung der Kinder ist die Folge, die in der hochsensiblen Kleinkindphase zu seelischen Schäden führen kann. In den Ostblock-ländern wurde das in hohem Maße praktiziert. Die jugendliche Kriminalität ist entsprechend hoch.

Familienpflege und Erziehung der Kinder setzen ein hohes Maß an Verantwortung voraus. Die meisten jungen Eltern gehen völlig unvorbereitet in diese neue Lebensphase. Da wir in einer Zeit des schnellen Wertewandels leben, fehlen bewährte Vorbilder der älteren Generation als Verhaltensmuster. Das Fach Erziehungskunde fehlt an den Schulen ebenso. Dieses könnte auf die neuen Lebensaufgaben vorbereiten. So suchen sich junge Paare oft genug ihren Weg alleine, der nicht selten zu einem Zerbrechen der jungen Familie führt. Dann ist ein Partner alleinerziehend, wobei oft genug der Staat, das heißt die gesamte soziale Gemeinschaft, die Verantwortung übernehmen muß, die genetisch auf Mann und Frau entfällt. Sozialhilfe muß gewährt werden, die nicht ausreicht, oder die Kinder werden in einer Kinderkrippe versorgt. Die dringend notwendige individuelle Zuwendung und Geborgenheit des Kindes leidet. Spätschäden sind vorprogrammiert.

Es ist schon erschreckend, daß im Großstadtbereich jede zweite Ehe, bundesweit jede dritte Ehe geschieden wird. Egoismen, gegenseitige Intoleranz und Rangkämpfe in der Familie spielen eine entscheidende Rolle.

Die Befreiung der Frau aus der Vormundschaft des Mannes hat eine veränderte Familienstruktur zur Folge, in der es keine Hierarchie mehr gibt und keine klare Arbeitsteilung. Gegenseitige Achtung und vorurteilsfreies, praktikables Handeln sind erforderlich, was Flexibilität voraussetzt. Das Rollenverständnis von Mann und Frau wird auf die Probe gestellt. Gegenseitige Hilfe ist gefragt, nicht gegenseitige Abgrenzung. In Kenntnis typisch männlicher und weiblicher Bedürfnisse, können ein besseres Verständnis und eine größere Toleranz der Familienmitglieder untereinander erreicht werden, was zur Erhaltung der Familie beiträgt.

Der Drang nach Familie ist im Menschen immanent vorhanden. Jemand, der keine Familie hat, ist heimatlos. Auch geschiedene Paare heiraten in der Mehrzahl erneut, obwohl sie negative Erfahrungen gemacht haben. Es treten dann neue Probleme auf – nur mit anderen Vorzeichen, die auch bewältigt werden müssen.

Die intakte Familie ist die Keimzelle der Zugehörigkeit, Verbundenheit und Geborgenheit, über die hinaus man in größere soziale Gruppierungen eingebunden sein kann. Wie überall in der Natur beginnt die Ordnung im Detail und baut sich in große Zusammenhänge auf. Die anonyme Massengesellschaft läßt Ängste entstehen. Als Angstabwehr dienen Aggressionen. Zugehörigkeit zu Gruppen, die sich einander respektieren, tolerieren und schließlich in größere Verbände zusammenschließen, führen zu einer sinnvollen gesunden Ordnung, die das Miteinanderleben leichter macht und Aggressionen abbaut. Früher gab es Kriege zwischen Bayern und Preußen. Das ist heute undenkbar, obwohl beide ihre Identität bewahrt haben. Sie respektieren sich und sind in der Bundesrepublik zu einer größeren Einheit zusammengeschlossen. So mag es eines Tages auch mit Europa sein. Für ein gesundes soziales Zusammenleben der Menschen ist die Ordnung von unten herauf wichtig. Sie beginnt in der Keimzelle Familie. Daher ist Familienpolitik so wichtig. Es ist kaum denkbar, daß ein Mensch, der in einer geborgenen, liebevollen Familie aufgewachsen ist, zu Brutalitäten fähig ist, wie wir sie auch in der Gegenwart in kriegerischen Auseinandersetzungen erleben. Mitgefühl für den anderen entsteht überwiegend durch eine liebevolle Bindung an die Eltern in der frühen Kindheit. Schon bei Affen, die früh ihrer Mutter weggenommen wurden, sehen wir die soziale Depravation (Abbau). Sie sind nicht fähig, sich in der Affengemeinschaft einzuleben und selbst Junge großzuziehen.

Die Mutterliebe kann sich nicht entfalten, wenn man das Kind der Mutter gleich bei der Geburt wegnimmt. Unmittelbar nach dem Geburtsvorgang beobachten wir eine sensible Phase für die Gestaltung des Mutter-Kind-Verhältnisses, die auch im Tierreich vorhanden ist. Eine Prise Babyduft oder das Belecken des Jungen läßt bei vielen Tieren den Muttertrieb erwachen. So ist auch der Körperkontakt zwischen Mutter und Kind nach der Geburt wichtig, um die Mutter-Kind-Beziehung zu intensivieren, wie wir heute wissen. Auch der Vater entwickelt eine intensivere Bindung an das Kind, wenn er bei der Geburt anwesend ist. Lange wurde bei uns im Krankenhaus die Hygiene höher bewertet als der Mutterkontakt – das Kind wurde der Mutter weggenommen, was zu Störungen der Mutter-Kind-Beziehung und folglich zu Lieblosigkeiten im Elternhaus führen konnte. Damit wurde fälschlicherweise die Familie als Institution in Frage gestellt, die das Individuum in seiner Entwicklung hemmt und negativ beeinflußt.

Jugendlichen wird eingeredet, daß sie sich von ihrer Familie lösen und entfernen müssen, um ihren eigenen

Weg zu gehen. Der Individualismus treibt dabei seine Blüten. Rücksichtnahme ist für das Ego unbequem, Beachtung der Tradition könnte unfrei machen, und Verantwortung für Familienmitglieder übernehmen ist lästig. Vergessen wird dabei, wie einsam und ungeschützt, führungslos und ungeborgen der Jugendliche in das Leben hinausgehen muß. Das führt zu vielen Fehlentwicklungen, die später mühsam korrigiert werden müssen. Wieviel leichter ist es, seine persönliche Entwicklung innerhalb einer Familienstruktur zu suchen, die nicht unfrei machen muß, aber Rahmen und Richtung geben kann.

Die Familie ist eine Institution, die sich immerhin seit Jahrtausenden in der Menschheitsgeschichte bewährt hat. Sie ist nötig. Funktioniert sie nicht, muß Ursachenforschung betrieben werden, denn es gibt keine Alternative zu ihr.

## Probleme der ehelichen Sexualität

In der gelebten Sexualität zwischen Mann und Frau in der Ehe unterliegt die Intimbeziehung schwierigen Bedingungen. Der Werbungszweck ist erreicht, der Mann hat die Frau für immer gewonnen. Auch die Spannung der Sehnsucht durch die Trennung bei Freundschaften fällt weg. Man ist am Ziel der Wünsche angekommen: der auch im Alltag vollzogenen Vereinigung. Mann und Frau sind auf dem Höhepunkt ihres Glücksgefühls. Dieses selige Gefühl, das in der Regel am Hochzeitstag seinen Höhepunkt hat, kann nicht immer vorhalten. Das Denken wird allmählich wieder frei für andere, außenliegende Betätigungen und Ziele. Die beruflichen Interessen rücken wieder in den Vordergrund, dazu müssen die häuslichen Pflichten wahrgenommen werden. Sehr leicht schleicht sich ein kumpelhafter unaufmerksamer Umgang miteinander ein. Das Werbungsverhalten wird aufgegeben, denn man hat sich ja. Müdigkeit tritt abends auf, und die Liebe leidet darunter.

Oft ist die Frau vom Mann enttäuscht, weil er ihr zu wenig Aufmerksamkeit zeigt und zu wenig Anteil an ihren Aufgaben nimmt. Er fühlt sich in der Bindung sicher. Kommunikation abends ist nicht so wichtig für ihn. Kleine Aufmerksamkeiten und Geschenke im Sinne des Werbungsverhaltens werden weniger. Der Mann ist von seinen beruflichen Pflichten und Sorgen voll beansprucht, die häuslichen Probleme, eventuell noch mit kleinen Kindern, erscheinen ihm dagegen unbedeutend. Für die Frau bedeuten sie das Leben. Was der Frau wichtig ist, ist ihm vergleichsweise unwichtig, wie bereits in früheren Kapiteln dargelegt wurde. Dadurch leidet die Hingabefähigkeit der Frau sehr, denn die Frau muß sich verstanden fühlen, was ihn wiederum frustriert, da er seine imperativen sexuellen Bedürfnisse hat. Wenn ein Kind da ist, und die anfängliche Euphorie über den Nachwuchs klingt ab und weicht dem Alltag, in dem Babygeschrei, Unruhe und Einschränkungen vorherrschen, fühlt sich der Mann sehr schnell unwohl. Eine Frau hat durch ihren Mutterinstinkt weit mehr Geduld. Sie muß sich sehr viel um den Nachwuchs kümmern, dadurch fühlt sich der Mann zurückgesetzt. Er spielt nicht mehr die erste Rolle in ihrem Leben. Das kränkt sein Dominanzstreben und Statusempfinden, meist bleibt es unbewußt. Untersuchungen zeigten, daß vier von fünf Ehen unter der Geburt eines Kindes leiden, das sich beide wünschten. Wie leicht entsteht hierbei die Zuwendung zu einer Kollegin, die Anteil an seinem beruflichen Leben nimmt und ihn vielleicht noch anhimmelt. Oft erlahmt auch eine anfänglich gezeigte Hilfsbereitschaft von Seiten des Mannes als Ausdruck der für die Frau wichtigen Kommunikation, und die Erwartungen an die Frau steigen. Soll sie dann dazu noch Geld verdienen, sich um den Haushalt und die Kinder kümmern und jederzeit zur Liebe bereit sein, geht die Rechnung nicht mehr auf. Wenn auch die heutigen Männer Kinderbetreuung und Hausarbeit gegenüber offener sind und es nicht mehr unbedingt als Schande empfinden, sich darin zu betätigen, entfällt nachweislich die Hauptlast dieser Arbeit auch heute auf die Frau, selbst wenn sie außerdem arbeitet, denn es ist ihre natürliche Domäne. Das alte Anspruchsdenken des Mannes aus früheren Generationen ist auch heute noch vielfach zu beobachten: sich von der Frau mit versorgen lassen, dazu die Bequemlichkeit des doppelten Einkommens genießen und, im Verhältnis dazu, zu wenig zur Entlastung der Frau beitragen.

Diese Alltagskonstellation ist deshalb so wichtig, weil sie psychologische Folgen hat, die unmittelbar das Liebesleben der Eheleute betreffen.

Viele Männer sind auch heute noch der Meinung, daß sie durch die Eheschließung das Recht auf Befriedigung ihrer sexuellen Bedürfnisse durch die Ehefrau erworben haben. Früher war das ja auch so. Die Frau hatte ihren »Ehepflichten« nachzukommen, so wurde es von der Kirche und der Gesellschaft gefordert. Wann immer der Mann nach der Frau verlangte, mußte sie bereit sein. Sein Sexualtrieb sollte befriedigt werden. Ihre Empfindungen waren nicht von Bedeutung. Das ist in weiten Teilen der Welt auch heute noch so. In unserer Gesellschaft hat die Frau jedoch durch die Emanzipationsbewegung Selbstbewußtsein bekommen und ist sich ihrer

Menschenwürde bewußt geworden. Diese verbietet es ihr, sich einfach für die Bedürfnisbefriedigung des Mannes benutzen zu lassen. Sie muß zur Hingabe bereit sein. Sie hat eigene Gefühle, deren Beachtung sie erwartet. Dies sollte eigentlich selbstverständlich sein, ist aber für die Männer unbequem, so daß sie sich in der Ehe bis heute gerne darüber hinwegsetzen. Dies führt zu Vergewaltigungen und noch häufigeren Nötigungen in der Ehe. Selbst im Tierreich gibt es selten Vergewaltigungen. Die Weibchen bestimmen, wann es zur Kopulation kommt, sie zeigen, wann sie bereit sind, und die Männchen geben sich alle Mühe, die Weibchen kopulationsbereit zu stimmen. Machen das die Männer in der Ehe auch? Wohl selten. Sie setzen voraus, daß die Frau immer liebesbereit ist, andernfalls ist sie angeblich frigide und gestört. Gewiß ist der Mensch, gemessen an Tieren, hypersexuell. Wir sahen aber in vorigen Kapiteln, daß die Liebesfähigkeit der Frau sehr von der psychologischen Allgemeinsituation, von Stimmungen und von der Beziehung zur Person abhängig ist und nicht den imperativen Drang des Mannes aufweist. Wird eine Frau einfach vom Mann genommen und ist nicht zur Kopulation bereit, werden damit ihre natürlichen Regungen übergangen, so erkaltet ihre Liebe, und Abneigung entsteht. Diesem triebhaften Prozeß fallen viele Ehen zum Opfer.

Es ist nur einigen Männern klar, daß die Sexualität in einer Ehe wesentlich bestimmt wird vom Verhalten des Mannes. Seine sexuellen Bedürfnisse sind in der Regel undifferenzierter, drängender, aktiver und von äußeren Reizen abhängig, die der Frau müssen immer wieder stimuliert werden, auch wenn eine ständige Bereitschaft potentiell vorhanden ist. Diese ist aber passiv wahrnehmend. Zu ihrer Entfaltung sind die speziell werbenden

Stimuli durch den Mann nötig. Ihre Sexualität ist vorwiegend partnerbezogen und hängt von Intimität und Kommunikation ab, so daß ihr Grundverhältnis zum Partner eine wichtige Rolle spielt. Voraussetzung zu ihrer sexuellen Aktivität ist eine intakte, vertrauensvolle Zweierbeziehung. Sind Vorbehalte gegen den Mann da, kann sich eine Frau nicht hingeben. Sie muß auch in der Ehe sanft umworben werden, muß sich angenommen und bestätigt fühlen, dann tut sie viel für den Partner. Sie lockt und reizt ihn auch, weil sie für ihn da sein will.

Die vertrauensvolle Zweierbeziehung ist häufig der Punkt, an dem sich die Konflikte entzünden. Viele Frauen fühlen sich überfordert und allein gelassen durch die Doppelbelastung von Beruf und Haushalt oder durch die Überlastung mit Haushalt und Kleinkindern. Sie haben dabei einen Sieben-Tage- und Vierundzwanzig-Stunden-Job, ohne materiellen Gewinn und oft ohne Bestätigung. Immer noch zu viele Männer zeigen dafür kein Verständnis. »Du bist zu Hause, du hast es doch gut« ist ihre Meinung, nur weil sie keinen Chef und freie Zeiteinteilung hat. Welcher nervlichen und körperlichen Belastung sie aber ausgesetzt ist, beachten die Männer häufig nicht. Wenn die Frau zu Hause ist, drücken sie sich noch mehr vor der Hausarbeit. Ihr »anstrengender« Beruf besteht häufig aus Büroarbeit oder darin, technische Geräte zu bedienen, was weit weniger Kräfte erfordert als ein Alltag mit kleinen Kindern. Die Frau ist abends todmüde und zudem noch frustriert durch das Unverständnis des Mannes. Diese Krise wirkt sich am sensibelsten Punkt der Ehe, der Sexualität, aus. In der Frau entsteht Widerstand, ihre Hingabefähigkeit schwindet. In ihrer Liebe wendet sie sich immer mehr vom Mann ab und den Kindern zu, wodurch sich wieder der Mann frustriert fühlt, so daß ein Teufelskreis entsteht.

Wenn den Ehepaaren diese Konfliktkonstellation bewußt wird, können sie durch gegenseitiges Verständnis dagegen angehen. Sehr wichtig dabei ist, daß Männer immer mehr begreifen müssen, daß Hausarbeit eine nie endende Lebensarbeit ist, an der sich alle Familienmitglieder beteiligen müssen. Männer sind dabei Vorbilder für ihre Söhne. Eine Frau ist zwar prinzipiell für die Hausarbeit im Sinne des Umsorgens prädestiniert, sie darf sich aber nie ausgenutzt fühlen, besonders auch dann nicht, wenn sie noch zum Einkommen beiträgt und damit die Last zu groß wird. Sind die Kinder größer, will sie häufig ihre Fähigkeiten im gelernten Beruf ausbauen. Dazu braucht sie die Entlastung von Seiten der Familie, wobei der Vater Vorbildfunktion hat.

Eine durch Beruf, Haushalt und Kinder überforderte Frau kann keine gute Geliebte mehr sein. Zur Liebe braucht die Frau Ruhe und Spannkraft. Der Mann muß folglich versuchen und dazu beitragen, ihr diese Ruhe zu verschaffen, ihr zu helfen, sie zu entlasten, auch im Sinne der Kommunikation. Er darf gerade in der Ehe sein Werbungsverhalten nicht vernachlässigen. Sie braucht Fürsorge, Bestätigung und ein bißchen Verwöhnung, um für die Liebe eingestimmt zu werden. Das erhöht ihre Hingabefähigkeit, und die Ehe erfährt eine Vertiefung der Beziehung. Der Mann muß werben, was oft genug nur bei Freundinnen praktiziert wird, denn er steht viel stärker unter dem Druck seiner sexuellen Bedürfnisse.

Der Faktor Zeit spielt in der Liebe auch eine entscheidende Rolle. Fällt der Mann mit der Tür ins Haus, stößt er auf Widerstand. Die Frau braucht Zeit zur Entwicklung ihrer Gefühle. Der Mann muß lernen, ihren Körper zu beobachten, er muß auf ihm spielen lernen wie auf einem sensiblen Instrument. Er sollte Mißklänge vermeiden lernen, das heißt nichts tun, was sie nicht mag. Ihren Wünschen zu folgen heißt noch lange nicht, sich Befehle und Anweisungen geben zu lassen, was er tun und lassen soll, worauf er im Sinne seines Statusdenkens mit Widerstand reagieren könnte. Dann kann es dazu kommen, daß er genau immer wieder das macht, was sie nicht mag, was bei ihr zum Rückzug führt. Er sollte bedenken und beachten, daß verbale Liebkosungen ihre Gefühle sehr intensivieren können. Die in Pornofilmen vorgeführte Sexualität ist eine Scheinwelt, nicht die Realität. Wenn Männer sich daran orientieren, erleiden sie im Alltag Schiffbruch. Das, was in den Filmen gezeigt wird, ist die Lustbefriedigung der Männer, denn nur für sie werden die Filme gedreht. Viele Männer schauen sich offen oder heimlich Pornofilme an, ihre Frauen lehnen diese in der Regel ab, weil es ihre Intimität verletzt und sie sich nicht zu dem nackten, unpersönlichen Sex hingezogen fühlen. Die weibliche Rolle in diesen Filmen entspricht auch nicht den Bedürfnissen einer Frau, aber in hohem Maße den Wunschvorstellungen eines Mannes.

Der Mann verlangt allzu oft in der Ehe von der Frau, daß sie möglichst jederzeit für ihn bereit ist, auch wenn er sie mitten in der Nacht oder frühmorgens weckt. Er fühlt sich dabei ausgeruht und potent, sie ist aber völlig unvorbereitet. Wird er abgewiesen, ist er frustriert und beleidigt.

Es ist erschreckend, wie oft bei Umfragen angegeben wird, daß Frauen sich in der Ehe vergewaltigt oder genötigt fühlen. Sie erfahren nicht die nötige Rücksichtnahme, um sich in Liebe entfalten zu können. Das Zitat:

»Bist du nicht willig, so brauch' ich Gewalt« wird leider noch zu oft praktiziert. Oft geben Frauen auch ohne innere Bereitschaft dem Drängen des Mannes nach, nur um Ruhe zu haben. Verweigern sie sich, hört entweder die Bedrängnis nicht auf, oder der Mann ist beleidigt, gereizt und mürrisch. Da die Frau angeborenerweise ein viel größeres Harmoniebedürfnis als der Mann hat, gibt sie der Nötigung nach. Die ständige Spannung ist für sie nur zu oft unerträglich. Will sie mit ihrem Mann über die Problematik reden, bekommt sie die Schuld zugewiesen; sie sei eben frigide, sie liebe ihn nicht mehr, sie habe sich verändert, sie treibe den Mann aus dem Haus zu einer Geliebten. »Wenn du mir den Sex nicht gibst, hole ich ihn mir woanders, dann kannst du sehen, wo du bleibst.« Solche Redensarten sind nicht selten. Alle Bemühungen der Frau, dem Mann ihre Bedürfnisse zu erklären, werden abgewiesen.

Warum können viele Männer nicht begreifen, daß eine Frau eine ruhige, sinnliche Athmosphäre zur Liebesentfaltung braucht, auch wenn er darauf nicht angewiesen ist? Musik, Ruhe, Zärtlichkeit – auch schon im Alltag – ein lieber Blick, eine freundliche Zuwendung sind die unbedingt nötigen Voraussetzungen für eine Stimmung, in der sich die Liebe der Frau entfalten kann. Eine moderne Ehekultur ist notwendig; sie würde sicher die Scheidungsrate senken.

Die Frau ist anspruchsvoller geworden und unterwirft sich nicht mehr auf Dauer dem Mann, was ein neues Rollenverhalten, auch in der Ehe, erfordert. Die Männer lassen noch viel zu sehr lieben und bestehen auf ihrem Paschaverhalten, was für eine Ehe destruktiv ist. Gleichberechtigte, echte Partnerschaft ist für eine erfüllte Liebe in der heutigen Zeit unbedingte Voraussetzung.

## Wie kommt es zur Scheidung

Die Ehe war in früheren Zeiten ein gesellschaftlicher Zusammenschluß, dem soziale und wirtschaftliche Überlegungen zugrunde lagen. Die Gefühle des Individuums spielten dabei eine untergeordnete Rolle. Die Gesellschaft war strukturell wesentlich stärker gegliedert als heute. Es gab festgefügte Hierarchien, und jeder blieb in seiner sozialen Schicht. Die Ehe wurde zwischen den Familien ausgehandelt. Die Liebesheirat ist erst 100 Jahre alt. Das Recht auf Gefühl mußte durchgesetzt werden, was schwierig war, da sich Gefühle über geltende Wertvorstellungen hinwegsetzten. Wir postulieren heute selbstverständlich eine Liebesheirat, trotzdem fordert die Familie immer noch, daß die ökonomischen und sozialen Faktoren stimmen, damit die Ehebasis ein solides Fundament hat. Gefühle alleine sind störbar und wandelbar und zerbrechen häufig an schwierigen Lebensumständen.

Emotional ist mit der Eheschließung die Sehnsucht erfüllt. Man hat sich vereint, kann immer zusammen bleiben und ist glücklich. Eine Trennung kann man sich nicht vorstellen.

Das Ruhen im Glück der Erfüllung hält eine gewisse Zeit an, dann tritt häufig Stagnation ein. Der Alltag fordert jeden, man ist abgelenkt, müde, die Sehnsucht als Motivation fällt weg, man wird nachlässiger, unaufmerksamer. Dagegen beleben gemeinsame Zielsetzungen und Aufgaben die Ehe. Eine neue Dimension eröffnet sich durch die Geburt eines Kindes. Die Ehe wird zu einer Familie, eine faszinierende Aufgabe beginnt. Der Umgang mit dem Kind, oder später eventuell mit mehreren, bringt viele neue Impulse für das gemeinsame Leben, sei es im emotionalen und affektiven Bereich durch Liebe, Ärger und so weiter, sei es in der Definition von Erziehungs- und Bildungszielen. Ehen können gefestigt werden durch die Verantwortung, durch gegenseitige Bindungen und gemeinsame Aufgaben, sie können aber auch daran zerbrechen. Wenn keine gemeinsame Erziehungslinie gefunden wird, entstehen Streitigkeiten, die zu erheblichen Zerwürfnissen führen können, die sich auch im Sexualleben auswirken. Hinzu kommt, daß der Mann bei seiner Frau oft nicht mehr die erste Rolle spielt; die spielt jetzt das Kind. Für viele Männer ist das auf die Dauer bei ihrem genetisch determinierten Statusdenken schwer zu verkraften, was wiederum die Frauen beachten müssen. Ihr angeborenes Dominanzstreben rebelliert und äußert sich in Mißstimmung. Eine kluge Frau sollte daher dem Mann immer das Gefühl geben, daß er für sie die wichtigste Person im Leben bleibt.

Kinder fordern sehr. Mütter können entnervt sein, weil Kinder provozieren, reizen, schreien, zerstören und einen sinnvollen Handlungsablauf durchkreuzen können. Sie sind eben nicht nur lieb und süß. Die Natur hat die Mutter durch die Mutterliebe mit sehr viel Geduld ausgestattet, deren Grenzen jedoch auch erreicht werden können. Um mit der Provokation der Kinder umzugehen, müssen Mutter und Vater ruhig und verständnisvoll sein. Die Väter müssen von den Müttern Haltungen annehmen, denn sie lassen sich leichter provozieren und werden leichter aggressiv. Das fällt manchem Vater schwer. Seine natürliche Dominanz spielt er leicht unreflektiert bei den Kindern aus. Er läßt sich auf einen Machtkampf mit den Kindern ein, verteidigt seinen Lebensbereich zu Hause, seine Interessen, seine Bedürfnisse, seine Gegenstände und erwartet, daß die Kinder gehorchen und sich fügen. Toleranz und das Zurückstellen eigener Wünsche zugunsten der Kinder fällt ihm wesentlich schwerer als der Mutter, denn das Aushandeln von Status ist tief in ihm verwurzelt, wie wir zuvor schon sahen. Bis zu einem gewissen Grad ist die Polarität im Erziehungsstil der Eltern gut. Die Väter setzen eher Grenzen, das Kind lernt sich einzuordnen und anzupassen. Fangen die Eltern aber an, sich über die Erziehung zu streiten, beginnen die Probleme. Die Eheleute werden hektisch, nervös, widersprechen sich in Geboten und Verboten, und die Kinder werden orientierungslos und damit immer schwieriger. Disharmonien zwischen allen Familienmitgliedern entstehen.

Sind Kinder in der Ehe vorhanden, müssen Eigeninteressen beider Eltern zurückstehen, andernfalls kann das Kind nur als Störfaktor empfunden werden. Die Rücksichtnahme auf das Kind ist durch das angeborene Betreuungsverhalten bei beiden Eltern vorprogrammiert, sicher jedoch bei der Mutter stärker ausgebildet. Sind sich die Eltern einig, gilt ihr wesentliches Freizeitinteresse den Kindern. Wird jedoch die Mutter mit der Betreuung der Kinder alleine gelassen, ist sie häufig überfordert und kann nicht auch noch eine gute Ehefrau sein. Wieviele Männer gibt es immer noch, die sich motzend zurückziehen, weil ihre Ehefrauen nicht mehr die zärtlichen Liebespartnerinnen sind, die sie vor der Geburt der Kinder waren. Sie verstehen nicht, daß eine körperlich und seelisch erschöpfte Frau keine leidenschaftliche Geliebte sein kann. Statt Anspruch und Rückzug oder Aggression bei nichterfüllten Wünschen sind Teilnahme, Entlastung und gemeinsames Tragen aller Pflichten gefragt. Das verbindet, vertieft die Liebe und auch die Sexualität. Tritt dies nicht ein, sind die Frauen frustriert und ziehen sich heute oft von ihren Männern zurück, um wenigstens eine Belastung weniger zu haben. Das ist ein Selbstschutz, der zur Trennung führen kann.

Sind die Kinder erwachsen und aus dem Haus, ist die Erziehungsaufgabe beendet, droht der Ehe eine neue Krise. Es besteht zwar eine lange Bindung zwischen den Ehepartnern, die aber plötzlich inhaltsarm geworden ist. Sie hätten mehr Zeit füreinander, können aber nichts miteinander anfangen. Stagnation ist eingetreten, und neue gemeinsame Interessen müssen gefunden werden, wenn die Ehe erfüllt und lebendig bleiben soll. Diese können sehr verschieden sein und zum Beispiel den Wissensdurst und die Neugier auf den verschiedensten Ebenen befriedigen: geographisch, kulturell, politisch, religiös oder naturwissenschaftlich. Oder es können gemeinsame sportliche Interressen sein.

Der Ehe neue Impulse und Inhalte geben ist die Aufgabe in der Mitte des Lebens, wenn die Eheleute wieder unter sich sind. Es ist sicher keine gute Lösung, wenn ein Partner ausbricht und seine neuen Impulse in außerehelichen Beziehungen sucht. Häufig ist es der Mann, der erotische Abenteuer bei einer jüngeren Partnerin sucht. Dies ist oft der Anfang vom Ende einer Ehe. Was von dem Mann als Abenteuer geplant war, wird ernst, da die neue Partnerin Bindung sucht und verlangt. Sie will auch nicht zur Lustbefriedigung mißbraucht werden. Ist auch beim Mann Liebe und Sympathie entstanden, kann die alte Ehebindung durch eine neue ersetzt werden. Es ist sehr leicht, interessant und aktivierend, mit der neuen Partnerin neue Lebensinhalte zu definieren. Sie bringt Anregungen und neue Seximpulse, während die Ehe inhaltsarm und oft zur gegenseitigen Versorgungseinrichtung degradiert war.

Der Partner, der so ausbricht, lädt immer Schuld auf sich, denn er hat Treue versprochen und Vertrauen mißbraucht. Häufig ist er zu schwach, diese Schuld einzugestehen und zu ertragen. Er wehrt sie ab, indem er alles, was seither seine Ehe ausmachte, negativ bewertet. Damit schiebt er häufig der Ehepartnerin die Schuld zu und exkulpiert sich, indem er einfach nicht anders handeln konnte, da er immerfort gedarbt habe. Woran? Das wird ihm oft erst dann klar, wenn er schon ausgebrochen ist. Manchmal wird ihm auch gar nichts klar und er stellt leere negative Behauptungen in den Raum, nur um sich nicht eingestehen zu müssen, daß er schwach war und einem Triebbedürfnis nachgegeben hat. Hätte er vorher seine Probleme angesprochen, wären sicher Lösungen möglich gewesen. Allzu oft werden die Ehefrauen völlig überraschend vor die neue Situation gestellt, ohne die geringste Chance zu bekommen, etwas für die Erhaltung der Ehe zu tun. Sie zerbrechen häufig an der ihnen zugeschobenen Schuld. Nach oft 30jähriger Ehe sind sie noch so mit dem Mann verbunden, daß sie es nicht wahrhaben wollen, einem schweren Vertrauensmißbrauch und Betrug zum Opfer gefallen zu sein. Alles bricht zusammen: das Bild, das sie von einem Menschen hatten, mit dem sie Jahrzehnte zusammenlebten, den sie als verantwortungsvoll und ehrenhaft eingeschätzt hatten; ihre Wertvorstellung von der Ehe, in der man zusammensteht und sich hilft und füreinander da ist, gerade im bevorstehenden Alter; ihr Selbstbewußtsein als Frau und Mensch, der Geborgenheit geben wollte im familiären Kreis, und nicht zuletzt ihr sozialer Status. Verfügt die Frau über kein eigenes Einkommen, steht sie jetzt finanziell schlechter da. In Einzelfällen hat sie keinen Zugang zum gemeinsam ersparten Vermögen. Durch geschickte Manipulationen des Mannes ist plötzlich nichts mehr da, oder er hat es so arrangiert, daß alles ihm alleine gehört. Im Vertrauen und unter Vortäuschung falscher Tatsachen, gab sie Unterschriften auf Verzichtserklärungen, die sich jetzt als Falle darstellen.

Wenn die Kinder groß sind, bekommt sie nur Unterhalt, wenn sie nicht arbeitsfähig ist. Wie soll aber eine Frau zwischen 50 und 60 Jahren im Beruf Fuß fassen, wenn sie nie erwerbstätig war? Wir wissen, daß selbst bei Langzeitarbeitslosen die Wiedereingliederung in den Beruf äußerst schwierig ist! Hier hat das geltende Gesetz Lücken.

Woraus ergibt sich diese negative, so unglaublich rücksichtslose Handlungsweise der Männer, die zuvor nicht zu spüren war und plötzlich auftritt? Die Antwort liegt sicher im Triebgeschehen. Von der sexuellen Stimulation beherrscht, ordnen sie dieser die gesamte Persönlichkeit und alle seitherigen sozialen Einbindungen unter. Um sich der Primitivität solchen Triebverhaltens nicht zu schämen, rationalisieren sie ihre Handlungsweise als eine Lösung aus ihrem bisherigen frustrierten Leben, was als solches vorher jedoch nie angesprochen und daher wahrscheinlich auch nicht als solches erlebt wurde. Dies ist ein weiterer Hinweis darauf, wie stark die Triebdynamik beim Mann ausgeprägt ist. Sobald er von ihr ergriffen wird, kann er ihr zum Opfer fallen, wenn nicht ein ausgeprägtes Verantwortungsbewußtsein und eine gesunde Moral ein starkes Gegengewicht bilden.

Ist es so schwierig für einen Mann, sich selbst einmal psychologisch zu durchleuchten? Frauen tun das viel häufiger. Sie suchen die Ursachen der Mißverständnisse in Gesprächen mit Freundinnen, in Büchern, beim Psychologen. Gefühlsmäßig bedeutet wohl für den Mann das Zugeben einer Schwäche Potenz- und Statusverlust. Dies wehrt er ab. Selbstbezogenes Verhalten und Starrheit akzeptieren die Frauen von heute aber nicht mehr – sie sind kritisch geworden und erwarten auch vom Mann Kritikfähigkeit und Gesprächsbereitschaft. Die Gespräche scheitern dann allerdings vielfach – wie gesehen

– am Sprachstil. Wie oft hört man die Bemerkung: »Wir sprechen eine andere Sprache, wir verstehen uns einfach nicht«. Dann ist professionelle Hilfe gefragt.

Eine Frau erwartet auch Verständnis für ihre Gefühle. Da Einfühlungsvermögen dem Mann von Natur aus schwerfällt, muß er sich über den Verstand bemühen, Sensibilität für die Frau zu entwickeln. Die Gefühlssphäre wird vom Mann generell gerne negiert. Angeborenerweise fällt es ihm schwer, Gefühl und Verstand zu koordinieren. Da der Verstand in unserer naturwissenschaftlich geprägten Welt überproportional gefragt ist, bleibt bei ihm das Gefühl auf der Strecke. Häufig muß er erst einmal lernen, seine eigenen Gefühle wahrzunehmen. Danach neigt er dazu, diese auf die Umgebung zu übertragen. Wer nicht in sein eigenes Schema paßt, ist nicht normal. Mit viel Geduld lernt er jedoch, daß andere Menschen andere Gefühle haben als er, die er respektieren muß.

Eine Ehe ist eine gemeinsame Aufgabe, an der beide arbeiten müssen, insbesondere dann, wenn sie merken, daß die Ehe nicht mehr gut läuft. Bevor die Ehen auseinandergehen, haben die Frauen den Männern oft lange Zeit verzweifelt versucht klarzumachen, daß und warum sie es nicht mehr aushalten. Sie erfuhren nur Abweisungen, Schuldzuweisungen und wurden nicht ernst genommen. Selbst die Androhung von Scheidung bringt häufig Männer nicht dazu, mit zur Eheberatung zu gehen. Bekommt der Mann in der Ehe seinen Sex, ist für ihn die Welt in Ordnung, bekommt er ihn nicht, ist die Frau nicht in Ordnung. Findet die Frau einen Tröster in der Not, hat sie wieder den schwarzen Peter: Sie ist böse, unmoralisch und verläßt den Mann einfach ohne Grund.

Es ist wirklich an der Zeit, daß die Männer aufwachen, im häuslichen Bereich gesprächsbereit und kritikfähig werden, und die eigene Situation analysieren lernen! Die alten Verhaltensnormen des Dominierens und Besitzens haben in der Ehe keine Gültigkeit mehr. Problembewußtsein, frühzeitig aufeinander eingehen, sich gegenseitig ernst nehmen, nach Lösungen suchen, auch wenn man selbst einmal Opfer bringen muß, sind nötig. Nur so kann ein Gleichgewicht zwischen den gegenseitigen Bedürfnissen und Erwartungen hergestellt werden, was eine Ehe stabil macht. Wenn Männer selbstkritisch sind, haben Frauen mehr Vertrauen in sie und werden sie mehr achten. Auch der Mann hat hierbei die Chance, seine Persönlichkeit zu ergründen und zu entwickeln. Infantiler Trotz und Rechthaberei oder Schuldverschiebungen führen zu einer Verhärtung und Stagnation. Ein Mann muß beispielsweise sein Macht- und Dominanzstreben, seine Aggresssionsbereitschaft erkennen, um damit verantwortungsvoll umzugehen.

Auch wenn nach außen die Ehen intakt erscheinen, sind sie innen oft brüchig. Die Ehe stellt sich gesellschaftlich als eine Lebensgemeinschaft dar, bei der die Partner in einem hohen Maß miteinander identifiziert werden. Man erwartet eine gegenseitige Loyalität und eine zur Schau gestellte Harmonie. Ehepaare, die sich in Gegenwart Dritter streiten, wirken unangenehm. Das bedeutet, die Ehe hat eine äußere Fassade, die möglichst weiß angestrichen und makellos ist. Was sich hinter dieser Fassade abspielt, weiß zunächst nur die engste Familie. Man läßt möglichst keine Unstimmigkeiten nach draußen dringen, denn »das eigene Nest beschmutzt man nicht«. Daher wirken viele Ehen nach außen harmonisch, und die Umwelt ist sehr betroffen, wenn plötzlich eine Scheidung ausgesprochen wird. Es macht schon nachdenklich, wenn jede zweite bis dritte Ehe geschieden wird!

## Zusammenfassung und Ausblick: Perspektiven für die moderne Gesellschaftsstruktur

Wie wird die Entwicklung in unserer heutigen Gesellschaft weitergehen?

In der heutigen Zeit wird generell postuliert, Frauen und Männer hätten gleiche Fähigkeiten und Anlagen und nur die Erziehung forme sie zu dem, was sie sind. Die generell zu beobachtenden Unterschiede seien folglich Produkte der Erziehung. Ändere man daher die Erziehungsprinzipien, könnten sich Männer und Frauen in gleicher Art alle Arbeiten teilen. Quotenregelung ist die Folge solcher Denkweise. Frauen sollten vor allem in der Politik und Wirtschaft in gleicher Weise in Führungspositionen vertreten sein Männer. Nach dieser modernen Anschauung definieren sich Frauen wie Männer durch ihre Stellung in der Berufswelt, durch ihren Status.

Dieser Denkansatz ist in seinen Wurzeln falsch und führt daher zu falschen Konsequenzen. Die Erfüllung einer Frau liegt nicht alleine in der Berufswelt. Wir sind genetisch unterschiedlich programmiert, und dieses genetische Erbe ist durch die Erziehung nur zu modifizieren, aber auf Dauer nicht beliebig zu manipulieren. Frauen können nicht auf männliche Wertvorstellungen umgepolt werden. Ihre Natur wird sich immer wieder durchsetzen. Die Männer werden in den nächsten Jahrzehnten weiter in Politik und Wirtschaft dominieren. Es ist ihre natürliche Domäne. Dem widerspricht nicht, daß Frauen diese Funktionen ausüben können, wenn sie Spaß daran haben. Die Variationsbreite unter den Menschen ist sehr groß, und einige finden sich immer, die die entsprechenden Eigenschaften in sich vereinen. Sie werden jedoch in der Minderzahl sein.

Hier sei noch einmal zusammengefaßt, daß es grundsätzlich entscheidende genetische Unterschiede zwischen männlichen und weiblichen Individuen gibt. Diese haben ihre biologische Basis in morphologischen, hirnorganisch-strukturellen, hormonellen und physiologischen Parametern, die in der gesamten Evolution zu beobachten sind. Psychologisch wirken sie sich durch differente angeborene Reaktionsweisen und Verhaltensmuster aus, die eingangs ausführlich beschrieben wurden. Erwähnt werden muß hier noch einmal das größere Status- und Dominanzstreben und das höhere Aggressionspotential der Männer, das gesellschaftlich seine Auswirkungen hat, und das Bemutterungs- und Betreuungsverhalten der Frauen, das verbunden ist mit einer breiteren Gefühlspalette, mit Einfühlungsvermögen und Harmoniebereitschaft. Daraus resultiert ihr Bedürfnis, Familie und Kinder zu betreuen. Diese Unterschiede sind biologisch äußerst sinnvoll, da sie eine genetische Aufgabenteilung vornehmen, die zum Überleben jeder Art von Lebewesen wichtig ist. In der Polarität kann sich zudem das Leben entfalten. Sie beinhaltet eine Energie, die durch ihren Spannungswechsel und -ausgleich die Lebendigkeit der Beziehung der Geschlechter zueinander ermöglicht.

Die genetisch fixierten Unterschiede der Geschlechter haben sich in der Evolution Millionen von Jahren bewährt. Sie müssen daher äußerst sinnvoll und für die Evolution nützlich sein. Um dieses genetische Erbe zu verändern, sind Entwicklungszeiträume notwendig, die in einer Größenordnung liegen, in denen Geologen und Astronomen zu rechnen gewohnt sind, nicht aber Historiker.

Der Mensch hat nun durch die Evolution seines Geistes und seiner gewonnenen Erkenntnisfähigkeit die Möglichkeit, über die Natur zu bestimmen. Er kann sich selbst definieren und kann sich über seine angeborenen Verhaltensmuster hinwegsetzen. Leugnet er diese jedoch vollständig, funktioniert das nur kurze Zeit. Die genetische Fixierung hat eine drängende Dominanz und führt immer wieder zum Rückfall in alte Verhaltensweisen, die für den klugen Geist irrational erscheinen. Die unerfüllte genetische Bestimmung meldet sich rechtzeitig durch Mißstimmungen, Unwohlsein, Schuldgefühle, Unausgeglichenheit, Depressionen.

Diese Kriterien sollten unserer heutigen Psychologie Denkanstöße geben. Angeborene Verhaltensweisen kann man nur modifizieren, man kann lernen, sie in sozial erwünschten und positiven Reaktionen auszuleben. Auf Dauer kann eine harmonische Persönlichkeitsentfaltung nur im Einklang mit unserer genetischen Veranlagung erfolgen.

In diesem Buch wurde versucht, diese genetischen Unterschiede zwischen Mann und Frau herauszustellen und zu erklären und praktische Auswirkungen auf den Alltag von heterosexuellen Paaren aufzuzeigen. Nur wenn es Männern und Frauen gelingt, ihre unterschiedliche Natur zu erkennen, können sie lernen, damit umzugehen. Sie werden einander besser verstehen, und unnötige Frustrationen können vermieden werden. Durch Verstehen der andersartigen Struktur des Partners kann Toleranz entstehen, aber auch gegenseitige Rücksichtnahme bei Selbstkritik erfolgen, die die Partnerbeziehung verbessert.

In vergangenen Zeiten waren die Machtverhältnisse klar definiert, einer bestimmte – in der Regel der Mann –, der andere hatte zu gehorchen – in der Regel die Frau. Das war einfach. In einer Demokratie funktioniert dieses Schema nicht mehr. Jetzt müssen differenzierte Umgangskriterien miteinander entwickelt werden. Dazu sind Wissen und Kenntnis der spezifischen männlichen und weiblichen Anlagen notwendig.

Früher waren die Frauen der Besitz des Mannes. Er lebte sein Macht- und Dominanzstreben auch im häuslichen Bereich bei Frauen und Kindern aus. Sie hatten sich unterzuordnen. Es ist schon erstaunlich, daß die Frauen sich so lange fügten! Sie taten dies, da ihr Dominanzstreben und Aggressionspotential nicht so groß waren, für sich Rechte zu erkämpfen. Ihre eigene Person war ihnen auch nicht so wichtig, da eine Frau von Natur aus, im Rahmen des Muttertriebs, eigene Bedürfnisse zurückstellt.

In der Folge der Demokratisierung unserer Gesellschaftsformen wurde in der Charta der Vereinten Nationen festgelegt, daß alle Menschen gleich sind und gleiche Rechte haben. Die dominanten Männer haben diese Charta entworfen und unterzeichnet, dachten dabei aber wohl offensichtlich zunächst an sich selbst, sonst hätte es nicht einer Frauenbewegung bedurft, um selbst in unseren hochzivilisierten und so demokratischen Ländern die Gleichberechtigung der Frauen durchzusetzen. Hierzu waren aggressionsbereite Frauen nötig, die viele männliche streitbare Fähigkeiten in sich vereinten und mit dem Wort »Emanzen« belegt wurden. Dieser Frauenbegriff ist negativ belegt, obwohl diese Frauen sehr viel Positives bewirkten. Er ist deshalb negativ angesehen, weil sich die Frauen mit diesen »Emanzen« nicht identifizieren können und die Männer Schwierigkeiten haben, sie als weibliche Wesen einzuordnen. Sie sind für Frauen zu männlich: aggressiv, fordernd und kämpferisch. Die Männer müssen sie als ihresgleichen betrachten, was für die Realisierung der Anliegen der »Emanzen« positiv ist.

Ein Problem besteht heute darin, daß diese sogenannten »Emanzen« einen Schritt zu weit gehen und die Weiblichkeit nicht mehr respektieren. Wenn sie behaupten, daß der einzige Unterschied zwischen Mann und Frau darin bestehe, daß die Frau einen Uterus habe und ein Kind austragen könne, der Mann aber nicht, irren sie sich gewaltig! Es gibt ja, wie wir sahen, eine Fülle von angeborenen spezifisch männlichen oder weiblichen Determinanten, die sich im Denken, Handeln und Fühlen auswirken. Die Emanzen entfernen sich zu weit von der Natur in uns. Sie prägen die heutige Zeit geistig derart, daß sie den Frauen einreden, sie könnten nur in der Berufswelt, möglichst in leitender Position, ihre Selbstverwirklichung finden. Die Verwirklichung als Frau und Mutter, die höchstes Glück bringt, bleibt auf der Strecke. Heute werden die Frauen nicht nur von den Männern, sondern vielfach auch von den »Emanzen« beherrscht. Entscheiden sie sich für die Aufgabe, Mutter und Hausfrau zu sein, haben sie ein sozial schlechtes Gewissen, fühlen sich minderwertig und sind unzufrieden. Das ist das Ergebnis der Meinungsbildung der »Emanzen«. Wieder stehen die Frauen unter einem Diktat, sie sollten an der Arbeitswelt außerhalb des Hauses teilnehmen, sonst seien sie zurückgeblieben und altmodisch, auch wenn sie spüren, daß ihnen das keine Erfüllung bringt, sondern nur Belastung.

Nun ist es an der Zeit, daß die moderne Frau sich auch gegen die »Emanzen« absetzt und ihre natürlichen und geistigen Bedürfnisse in Einklang bringt.

Voraussetzung hierfür ist, daß die Frauen nicht mehr gedemütigt werden, weder von den »Emanzen« noch von den Männern. Das demokratische Selbstbewußtsein der Frau ist heute so weit entwickelt, daß sie nicht mehr bereit ist, sich dem Mann zu unterwerfen. Seine Wünsche und Bedürfnisse können in der Familie nicht mehr dominant sein. Die Demokratie muß sich auch in der Familie bewähren. Dies geht nur, wenn die Männer lernen, gesprächsbereiter zu sein und die psychologische Konstellation der Familie ernst nehmen. Wenn heute überwiegend Frauen die Scheidung einreichen, ist das für die Männer eine traurige Bilanz. Frauen gehen in der Regel erst, wenn der Leidensdruck zu groß geworden ist und sie keine andere Lösung mehr sehen. Männer sollten in einer Krisensituation auch bereit sein, sich selbst in Frage zu stellen, um zu neuen Interaktionsmustern zu kommen.

Grundsätzlich fällt es Männern schwer, sich mit psychologischen Fragestellungen auseinanderzusetzen. Das muß aber in der heutigen demokratischen Zeit sein. Auch sie müssen lernen, daß die Frauen andere Bedürfnisse als sie haben, die mit den ihrigen abgestimmt werden müssen.

Ein häufiger Leidensdruck entsteht bei den Frauen durch ihre Überforderung. Hausarbeit ist Lebensarbeit für Mann und Frau, auch wenn die Frau dort ihre Domäne hat; aber bitte nicht sieben Tage in der Woche und bei eventueller Doppelbelastung mit zusätzlicher Berufstätigkeit! Gemeinsames Tragen der Verantwortung und Teilung in die Aufgaben für den Haushalt, die Kindererziehung, Geldangelegenheiten und Berufsarbeit ist heute Grundbedingung einer glücklichen Ehe. Leider wird das von vielen Männern noch nicht ernst genug genommen, aber gute Ansätze sind da. Das betrifft besonders auch die Wochenenden. Eine überforderte und sich selbst überlassene Frau kann keine gute Geliebte mehr sein. Dadurch wird auch die Beziehung auf der sexuellen

Ebene brüchig, was zu einem Bindungsverlust führt, der schließlich in Scheidung endet.

Durch die erreichte Gleichberechtigung haben die Frauen heute die gleichen Bildungschancen wie die Männer und nehmen diese auch wahr. Das erweitert ihre Perspektiven sehr und gibt ihnen die Möglichkeit zur geistigen Entfaltung. Diese Möglichkeit bauen die Frauen hervorragend aus, sie absolvieren qualifizierte Berufsausbildungen und nehmen am geistigen und kulturellen Leben aktiv teil. Das bereichert unsere Gesellschaft sehr, da Frauen andere Akzente setzen als Männer. Im Berufsleben ist es allerdings nötig, daß Frauen einige männliche Strategien annehmen, um sich zu behaupten. Die größte Schwierigkeit bedeutet für sie dabei, das richtige Maß zu finden, bei dem sie sich nicht zu weit von ihrer Weiblichkeit entfernen. Genauso ist bei Männern die Offenheit und Gesprächsbereitschaft im häuslichen Bereich gefragt, womit die elementaren Grundbedürfnisse der Frau abgedeckt werden.

Für die Frau entsteht nun die Schwierigkeit, ihre geistige Entfaltung mit ihren tief emotionalen, genetisch verankerten, weiblichen Bedürfnissen in Einklang zu bringen. Ihre Selbstverwirklichung liegt sicher nicht alleine in der Teilnahme an der Berufswelt. Sie liegt in einer Synthese aus diesen Bedürfnissen. Welchen Weg eine Frau geht, muß sie alleine bestimmen können, ohne diskriminiert zu werden. Entscheidet sie sich alleine für Haushalt und Kinderversorgung, sollte das respektiert werden. Es ist ein wertvoller Beitrag für die emotionale Stabilität der Gesellschaft. Will sie voll berufstätig sein, muß auch das respektiert werden. Auch Aufstiegschancen und die Übernahme von leitenden Positionen sollten für Frauen Selbstverständlichkeit sein, wenn sie dies anstreben. Ihr vernetztes Denken, ihre Kreativität, ihr soziales Engagement können für einen Betrieb von großem Nutzen sein. Eine Frau kann die Seele eines Betriebs werden, wenn sie mit Herz und Verstand ihre Funktion ausübt, das heißt, sich außer um den wirtschaftlichen Aspekt einer Firma auch um die Anliegen der Mitarbeiter kümmert. Das setzt voraus, daß sie nicht den zweckgerichteten Intellekt alleine dominieren läßt, wie dies bei Männern häufig anzutreffen ist. Bei mehr Verständnis für die Arbeitnehmer sind diese mit mehr Freude bei der Sache, und die effektive Arbeitsleistung kann gesteigert werden.

Der größte Teil der Frauen wird wahrscheinlich Beruf mit Familie verbinden wollen. Die Motivation hierfür liegt in eigenem Einkommen, welches das Selbstbewußtsein erhöht, in Außenkontakten und, bei höherer Qualifikation, in dem Wunsch nach beruflicher und geistiger Entfaltung. Eine Gesellschaft ist auch verarmt, wenn nicht das weibliche Element das soziale und geistige Leben mitgestaltet.

In den ersten drei Jahren nach einer Geburt hat die Kinderbetreuung sicher absoluten Vorrang, aber gerade danach ist sie noch eine große Herausforderung für die Eltern. Eine vernünftige Verbundenheit von Beruf und Mutterschaft kann nur dadurch erreicht werden, daß den Frauen – außer dem verlängerten Mutterschaftsurlaub in viel größerem Umfang, als dies derzeit gegeben ist –, die Möglichkeit zur Teilzeitbeschäftigung gewährt wird. Die Bereitschaft hierzu muß von den Betrieben kommen, aber auch für große Kinder müssen Kindergärten und Schulen eine durchgehende Betreuung bis am frühen Nachmittag bieten. Eine ganztägig arbeitende Mutter ist immer überfordert und hat ihren Kindern gegenüber Schuldgefühle. Wachsen die Kinder heran, kann die Berufstätigkeit der Mutter jederzeit ausgebaut werden.

Es ist für die Männer wichtig zu erkennen, daß sie bei der Ausübung ihrer meist immer noch dominanten Stellung eine große Verantwortung tragen. Nur wenn sie in einer demokratischen Gesellschaft auch die Bedürfnisse der Basis, das heißt der Frauen und Kinder innerhalb der Familie adäquat berücksichtigen, kann diese Gesellschaft gesund sein. Andernfalls kommt es zum Zerfall stabiler Strukturen, wie die hohe Scheidungsrate, der zunehmende Drogenkonsum und die Gewalt und Kriminalität bei Jugendlichen alarmierend zeigen. Solange den Frauen Rechte verwehrt werden, die Männer selbstverständlich haben, werden die Frauen für diese Rechte kämpfen müssen. Sie können ihre Weiblichkeit dabei nicht ausleben. Ist den Männern und der Gesellschaft damit gedient?

Selbstverständlich müssen die Frauen mit mehr männlichen Eigenschaften und mit beruflichen Zielvorstellungen alle Möglichkeiten des Aufstiegs haben – wie ihre männlichen Kollegen. Sie sind auch wichtig, um die Interessen der Frauen zu vertreten. Die menschliche Natur birgt eine große Variationsbreite in sich, bei der sich geschlechtsspezifische Eigenschaften überschneiden können. Die Dominanz des genetischen Erbes ist damit jedoch nicht in Frage gestellt. Evolution heißt nicht, daß Frauen wie Männer und Männer wie Frauen werden, sondern daß die weiblichen und männlichen Fähigkeiten erkannt und respektiert werden, um sich gegenseitig zu befruchten. Jeder kann seine eigenen Anlagen durch Aspekte des anderen bereichern. Männer lernen von Frauen soziale Kompetenz, Frauen von Männern Verhandlungsstrategien und Durchsetzungsvermögen. Beide wollen und brauchen sich. Eine gute Kommunikation ist nur durch Wissen voneinander und durch Rücksichtnahme möglich.

Unsere Kultur muß sorgfältig mit unserer Natur umgehen, um dem Individuum ein Höchstmaß an individueller Entfaltung und Glück zu ermöglichen. Das Naturgegebene wird das kulturell Machbare eingrenzen. Das Zusammenspiel der Geschlechter ist lebens- und überlebenswichtig. Nicht Konfrontation, sondern Kooperation ist gefragt. Wolfgang Wickler schreibt: Der erste aufgetretene Geschlechtsunterschied hat gewaltige Folgen nach sich gezogen. Die Gesetzmäßigkeiten, nach denen sich Kooperation entwickelt, sind im Grunde die Optimierungsgesetzmäßigkeiten des Lebens überhaupt.[22]) Die Biologie ist dabei, in mühseliger Kleinarbeit durchgängige Lebensfunktionen aufzudecken, die das Menschenbild verändern und zurechtrücken werden. Es ist an der Zeit, daß wir Menschen von unserer geistigen Hybris herabsteigen und uns in den Gesamtkontext der Natur eingliedern, die uns die Grenzen des Machbaren aufzeigt.

---

[22]) Wolfgang Wickler/Uta Seibt, Männlich – Weiblich, S. 204

# Literatur


Allgeier, Kurt: Und den Himmel gibt es doch. München 1990

Avedon John: Ein Interview mit dem Dalai Lama. hrsg. von Aryatara Institut e.V. und dem tibetischen Zentrum Ha e.V. München 1980

Badinter, Elisabeth: Die Mutterliebe. München 1984

Badinter, Elisabeth: Ich bin Du. München 1987

Beauvoir, Simone de: Das andere Geschlecht. Reinbeck 1968

Benard, Cheryl/Schlaffer, Edith: Die ganz gewöhnliche Gewalt in der Ehe. Reinbeck 1978

Benard, Cheryl/Schlaffer, Edith: Laßt endlich die Männer in Ruhe. Reinbeck 1990

Benzoni, Juliette: Die Frauen waren ihr Schicksal. Berühmte Ehemänner der Geschichte. München 1982

Blakeslee, Thomas: Das rechte Gehirn. Braunschweig 1991

Briggs, John / Peat David: Die Entdeckung des Chaos. München, Wien 1990

Brown, Gabriele: Liebe ohne Sex. München 1987

Carrier, Martin / Mittelstrass, Jürgen: Geist, Gehirn, Verhalten. Berlin, New York 1989

Dalai Lama: Nobelpreis-Vortrag. Tibetisches Zentrum e.V. (Sonderheft „Seine Heiligkeit der XIV. Dalai Lama von Tibet in Hamburg). München 1991

Danzer, Albert: Verhalten. Stuttgart 1979

Ditfurt, Hoimar v.: Wir sind nicht nur von dieser Welt. München 1981

Dröscher, Vitus: Nestwärme. Düsseldorf 1982

Dröscher, Vitus: Sie töten und sie lieben sich. Hamburg 1974

Eccles, John: Gehirn und Seele. München 1987

Eibl-Eibesfeld, Irenäus: Der vorprogrammierte Mensch. Niedernhausen 1973

Eibl-Eibesfeld, Irenäus: Liebe und Haß. München 1972

Eibl-Eibesfeld, Irenäus: Menschenforschung auf neuen Wegen. Wien, München, Zürich 1976

Einstein, Albert: Über den Frieden. hrsg. von Hahn, Otto/Norden, Heinz. Bern 1975

Eysenck, Hans: Das Partnerbuch. München, Zürich 1983

Fast, Julius: Typisch Frau, typisch Mann. Reinbeck 1973

Fausto-Sterling, Anne: Gefangene des Geschlechts? München 1988

Fester, Richard u.a.: Weib und Macht. Fünf Millionen Jahre. Urgeschichte der Frau. Frankfurt/M., 1979

Frauen u. Männer der Bibel, gesehen v. Frauen und Männern heute. Hrsg. von Kuhn, Johannes. Stuttgart 1987
Gehlen, Arnold: Anthropologische Forschung. Hamburg 1961
Gerber, Uwe: Die feministische Eroberung der Theologie. München 1987
Goldberg, Herb: Der verunsicherte Mann. Reinbeck 1979
Hesse, Hermann: Lektüre für Minuten. Frankfurt/M. 1971
Höhler, Gertrud: Virtuosen des Abschieds. Düsseldorf 1989
Jonas, Hans: Das Prinzip Verantwortung. Frankfurt 1984
Jung, C.G.: Archetypen. München 1990
Jung, C.G.: Der Mensch und seine Symbole. Freiburg 1988
Keen, Sam: Feuer im Bauch. Bergisch Gladbach 1993
Kreß, Brigitta: Obwohl sie eine Frau ist, ist sie gut. In: Psychologie heute. Juli 1993
Langer, Ellen: Aktives Denken. Reinbeck 1991
Lassalle, Ferdinand: Wohin geht der Mensch. Braunschweig 1988
Lorenz, Konrad: Das sogenannte Böse. Wien 1963
Lorenz, Konrad: Vergleichende Verhaltensforschung. Grundlagen der Ethologie. Wien 1978
Lorenz, Konrad: Er redete mit dem Vieh, den Vögeln und den Fischen. München 1964
Luther, Martin: Vom ehelichen Leben und andere Schriften über die Ehe. Stuttgart 1983
Mead, Margret: Mann und Weib. Berlin 1992
Meckelburg, Ernst: Zeittunnel. München 1991
Menson, Bernhard: Ehe und Familie in verschiedenen Kulturen. Vortragsreihe der Akademie der Völker und Kulturen. St. Augustin 1981/82
Mohrig, Werner: Wie kam der Mensch zur Familie? Über die Evolution der menschlichen Familie. Leipzig, Jena, Berlin 1982
Moir, Anne/Jessel, David: BrainSex. Düsseldorf 1989
Morris, Desmond: Der Mensch, mit dem wir leben. München 1978
Morris, Desmond: Der Menschen Zoo. München 1969
Morris, Desmond: Der nackte Affe. München 1978
Morris, Desmond: Liebe geht durch die Haut. Zürich 1972
Nilsson, Lennart: Ein Kind entsteht. München 1990
Norwood, Robin: Wenn Frauen zu sehr lieben. Reinbeck 1986
Packerd, Vance: Die Pyramidenkletterer. Düsseldorf 1963
Platon: Politeia. Sämtliche Werke, Band 9. Reinbeck 1963
Popper, Karl/Eccles, John: Das Ich und sein Gehirn. München 1985
Sartre, Jean P.: Briefe an Simone de Beauvoir, 1926 – 1939. Reinbek 1984
Schlegel, Leonhard: Grundriß der Tiefenpsychologie. München 1978
Sorge, Elga: Religion und Frau. Weibliche Spiritualität im Christentum. Stuttgart 1987
Springer, Sally/Deutsch, George: Linkes Gehirn/Rechtes Gehirn. Funktionelle Asymmetrien. Heidelberg 1993

Stützle, Hanna: Frauen zwischen Beruf und Familie, in: Der Kinderarzt, 1989 (20), Heft 5

Tannen, Deborah: Du kannst mich einfach nicht verstehen. München 1993

Teilhard de Chardin, Pierre: Der Mensch im Kosmos. München 1959

Teilhard de Chardin, Pierre: Die Entstehung des Menschen. München 1981

Wickler, Wolfgang/Seibt, Uta: Männlich-Weiblich. Ein Naturgesetz und seine Folgen. München 1990

Wieck, Wilfried: Männer lassen lieben. Stuttgart 1987

Zimmer, Dieter: Unsere erste Natur. Die biologischen Ursprünge menschlichen Verhaltens. München 1979

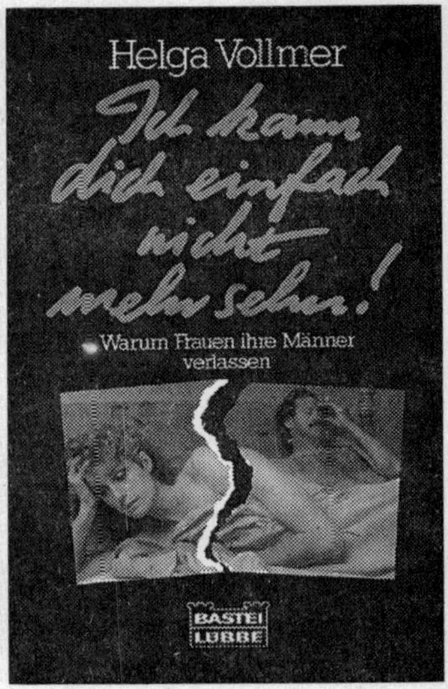


**Band 60365**

**Helga Vollmer**

## Ich kann dich einfach nicht mehr sehn!

50 Prozent aller Scheidungen werden von Frauen eingereicht. Bei Nichtverheirateten beenden sogar in 80 Prozent der Fälle die Frauen die Beziehung. Frauen haben heute einen Grad der Selbständigkeit erreicht, der es ihnen erlaubt, über ihre Zukunft selbst zu entscheiden.
Die in diesem Buch geschilderten Fallbeispiele haben alle einen gemeinsamen Nenner: Keiner der Männer hat verstanden, warum seine Partnerin ihn verlassen hat.
In jeder Beziehung, Partnerschaft und Ehe machen beide Fehler. Viele dieser Fehler sind vermeidbar, wenn wir erkennen, warum es zur Trennung gekommen ist und daraus lernen.

BASTEI LÜBBE